El multidesarrollo, un fenómeno social y ¡millonario!

El multidesarrollo, un fenómeno social y ¡millonario!

Osvaldo F. Donoso

Número de Control de la Biblioteca del Congreso de EE. UU.:   2015911557
ISBN: Tapa Dura   978-1-5065-0684-5
                   Tapa Blanda   978-1-5065-0686-9
                   Libro Electrónico   978-1-5065-0685-2

Información de la imprenta disponible en la última página.

Fecha de revisión: 29/07/2015

Para realizar pedidos de este libro, contacte con:
Palibrio
1663 Liberty Drive
Suite 200
Bloomington, IN 47403
Gratis desde EE. UU. al 877.407.5847
Gratis desde México al 01.800.288.2243
Gratis desde España al 900.866.949
Desde otro país al +1.812.671.9757
Fax: 01.812.355.1576
ventas@palibrio.com
702646

ÍNDICE

DEDICADO

A mi esposa,
que representa exactamente
el espíritu del Multidesarrollo®
que intento reflejar en este trabajo.

A los miles que aprendieron a soñar

… a los millones que aún no lo consiguen.

PRÓLOGO

Una empresa, 100% mexicana, modificando el "multiniveles", ha logrado "desarrollar", integralmente, a decenas de miles de sus más de 5,000,000 de distribuidores independientes en más de 20 países alrededor del mundo.

Con ventas, en constante crecimiento, medido en billones de dólares, Omnilife de México S.A de C.V. se ha convertido en un verdadero fenómeno económico observado – y revisado - constantemente por admiradores y detractores.

La increíble heterogeneidad del ejército de Distribuidores Independientes que componen un "sui generis" grupo de ventas "auto – gerenciado" y los logros obtenidos con personas Grupo C3, D, E y menores, la convierten en un Fenómeno Social digno de entender.

Aprender a soñar, y en muchos casos, poder concretar sueños aparentemente inalcanzables, junto a la familiarización con conceptos complicados, como Abundancia, Salud Total, Extensión de la Vida, han producido en muchos de estos distribuidores, un verdadero cambio de vida.

La observación de ese increíble cambio de vida, nos induce a profundizar en conceptos relacionados con este modelo de negocios – el multinivel – e intentar relacionar las modificaciones que Omnilife hizo al sistema de comercialización, con los resultados obtenidos, que la califican, como un Fenómeno Económico.

Una revisión a priori, nos indica que este Fenómeno Social y Económico, tiene sus orígenes en la combinación adecuada de un modelo de negocios conocido, con un toque experto de sensibilidad social y estilo gerencial paternalista, bien entendido, pero principalmente, con ingredientes complementarios y estructuralmente básicos, como Actitud, Honestidad y Trabajo.-

En las próximas páginas desglosaremos esta exitosa mezcla de ingredientes: un excelente producto, un probado modelo de negocios y una sazón gerencial muy a la mexicana.

Aclaración, _"Disclaimer"

Antes que nada, debo explicar, que el autor no es un especialista en alimentos, ni un profesional cercano al área de la bioquímica, ni de la medicina, sino un Ingeniero del área de la perforación de pozos petroleros, con una amplia experiencia internacional de macro observación que lo ha llevado a plantear algunas publicaciones socio políticas y contingentes en diferentes países.

Al mismo tiempo, no es menos cierto, que el involucrarse, desde hace más de 20 años, en los detalles técnicos y teóricos del fenómeno que analizamos, lo ha llevado a profundizar con cierta intensidad en este moderno mundo de los suplementos y complementos alimenticios, hasta darle un grado de "expertise" aplicable al análisis. La cantidad de información disponible para el estudio, alcanza para, desde varios puntos de vista y tendencias, formar su propia perspectiva sobre el tema un tanto de moda.

El importante efecto sobre el desarrollo social y económico, que esta produciendo la empresa analizada, en una cantidad muy importante de personas debe ser visto, según el autor, en un contexto no puramente de resultados materiales, sino desde el amplísimo impacto social producido que ha llamado la atención de muchas publicaciones nacionales e internacionales. Además, en el último capítulo, a manera de epílogo, se plantea la opción de una influencia mucho más radical, no solo en la vida de las personas directamente involucradas en el negocio mismo, sino una visión mucho más influyente en esta época de cambios tan necesarios como vitales para el mundo entero.

Por último, es importante decir que esta visión sobre el Fenómeno del Multidesarrollo, no es una publicación de Omnilife de México S.A. de C. V. y no ha sido financiada, ni subvencionada, ni dirigida por ella.- Sin embargo, sí es intención declarada del autor, llamar la atención sobre los resultados económicos y sociales que está produciendo este método de negocios, que enseña a sus distribuidores a creer en un verdadero Cambio de Vida…

… y a conseguirlo.

PARTE I

EL PRODUCTO

1.- Introducción

En el entendido, que el objetivo principal de este análisis, no es revisar el producto en si mismo, ni mucho menos, convertir este libro en un catálogo de ventas o fuente de información técnica para los distribuidores Omnilife, es de perogrullo revisar, el elemento central de comercialización que esta Empresa del Multidesarrollo diseña, fabrica y distribuye tan exitosamente.

Definitivamente, el comienzo de esta cadena de "sucesos" económicos, que merece el concepto de Fenómeno Social está en **el producto**.- El modelo de negocios, que analizaremos en la Parte II, las modificaciones, las formas y el sistema propiamente tal, (Parte III) tienen su razón de ser, lógicamente, en el producto. La aplicación de procesos productivos totalmente blancos y automatizados, con materias primas únicas, maquinarias e instrumentación de última generación, la implementación de envases de diseño y fabricación propia, permite la obtención de un producto de primerísima calidad, en muy variadas y modernas presentaciones. En general, los patrones de calidad que esta empresa estableció desde sus cimientos, le han hecho merecedora de innumerables reconocimientos técnicos y organizacionales. La intención lograda, de utilizar la última tecnología disponible en el mercado internacional, incluso crear en sus modernos laboratorios, metodologías de avanzada, como por ejemplo el "sistema de miscelización" (*1), que incrementa notablemente la biodisponibilidad de los nutrientes, la han llevado al liderazgo mundial de las empresas del rubro.

Aunque está de antemano dicho, que esta no es una empresa de servicios, la filosofía del Multidesarrollo implica también, una serie de elementos que tienen que ver, por ejemplo, con la actitud, que no es exactamente un método de venta; con la honestidad, que comúnmente no tiene relación directa con el suceso de una empresa o negocio, es más, muchas veces se relaciona directamente al éxito empresarial, con ilegalidades - al menos por omisión - relativas a los impuestos, a las compensaciones salariales, a los sobreprecios, etc.; con ayudar, en el sentido de otorgar a la sociedad elementos verdaderos de cambio de vida, como la salud y el bienestar general. En muchos momentos, el concepto de ser "gente que ayuda a la gente", desliga al distribuidor independiente, del negocio propiamente tal, quedando en la esencia pura del eslogan, produciendo el fenómeno que revisaremos en la Parte III.-

Pero ¿qué es entonces el producto que Omnilife comercializa con tanto éxito?

Dice Jorge Vergara, fundador y Presidente del Grupo Omnilife, que todo empezó estando "enfermo, gordo y quebrado". Gordo por comer lo que no se debe, en calidad y cantidad; enfermo como consecuencia directa de lo anterior (sabemos que la obesidad no es un problema de estética, sino que es estar realmente enfermo) y como muchos, en la rueda del vivir para comer no se encuentra la salida hacia la vida sana y productiva. Después de innumerables dietas, "rebotes" y más dietas, encontró la receta de los Complementos y Suplementos Vitamínicos: 120 píldoras-pastillas diarias, de diferentes colores y componentes que debían reparar las "deficiencias" de la dieta. El "sentido común" indica que la solución implicaba una disciplina mucho más dura que la "humanamente posible" para una dieta estricta, salvo que, pudiésemos ponerlas en un solo producto, de mas fácil consumo y digestión. Así nació el "Omniplus", primer producto de una centena que Omnilife hoy distribuye en más de 20 Países.

Por otro lado es cada día mas claro que el problema de la salud va mucho más allá de la disponibilidad de alimentos. El dramático deterioro de la calidad de los elementos básicos de la dieta a nuestro alcance, es cada día más notorio. El incremento de la población y las distancias crecientes desde los centros de producción natural hasta los de consumo, obliga al uso de conservantes, estabilizantes, congelantes, gelificantes, gasificantes, antiespumantes, saborizantes, colorantes y otros "antes", que no son otra cosa que compuestos químicos artificiales, agregados a las carnes, a las frutas, a las verduras, a los lácteos, etc. que una vez en el organismo, se convierten en "desestabilizantes" del hígado, de los riñones, de los niveles de azúcar, etc. que han puesto, por ejemplo, a la diabetes, como un problema principal de salud pública en muchos de nuestros países. Los alimentos bajos en azúcares y dietas hipo-grasas, son un David liliputiense contra un grasoso y agigantado Goliat que genera obesidad hasta mórbida en mas del 50% de la población de los Estados Unidos, México y otros líderes del "fast food" y el "taco time".

La competencia de la "calidad" y cantidad, a tiempo y con costos menores, lleva a la utilización de hormonas que aceleran el crecimiento, de los pollos por ejemplo, el "embellecimiento" de huevos y otros subproductos avícolas, el manejo de la maduración y coloración de las frutas y verduras, etc. El caso es que, estas hormonas artificiales, no desaparecen en el proceso producción - consumo, se mantienen como elementos desequilibrantes del desarrollo humano, así observamos en nuestros días, cambios radicales en los tiempos y las formas de la pubertad, la menopausia, etc. los cuales no pueden ser contrarrestados con ninguna "dieta natural" o solamente incrementando el consumo de una "dieta balanceada". El aparecimiento fantasmagórico de nuevas enfermedades como la Gripe Aviar, el SIDA, el Hanta Virus, Ébola, etc., hacen de la investigación médica una tarea titánica y de características tan heroicas como inútiles. Modernísimas y sofisticadas vacunas quedan obsoletas casi al momento de aparecer y son rápidamente alcanzadas por la mutación acelerada de los virus que viven y se reproducen a sus anchas en un mundo contaminado hasta la necedad.

Las diferentes y "modernas" formas de contaminación de los alimentos, no opaca la terrible contaminación del aire en las grandes concentraciones urbanas. El crecimiento descontrolado, normalmente debido a condiciones políticas más que económicas y la seudo planificación de urbanistas de pacotilla están creando "espacios vitales imposibles de habitar". Grandes capitales como Beijing, Ciudad de México y Santiago de Chile por ejemplo, tienen aires tan "limpios" como el de una mina de carbón sin túneles de ventilación, por lo que millones de personas están multiplicando a diario las posibilidades de desarrollar al menos, cáncer al pulmón y no existe dieta alguna que contenga antioxidantes suficientes para las toneladas de "contaminantes caídos del cielo".

-- La generación de CO_2 Monóxido de Carbono, es uno de los problemas ambientales que está siendo atacado con alguna decisión por las autoridades. Se gastan ingentes recursos intentando detener el crecimiento de la flota vehicular por ejemplo, con programas extremos como prohibir la circulación temporaria ("hoy no circula") de hasta el 40% de los vehículos, se intenta el reemplazo de los combustibles derivados del petróleo por otros naturales como el Metanol desde la caña de azúcar o la remolacha, se intenta desarrollar la energía solar hasta soluciones caseras, se afinan tecnologías eólicas, etc. pero aún estos esfuerzos, aparecen anuncios como que en hielos Antárticos !profundos! se han descubierto altísimos valores de Monóxido de Carbono, que inducen a pensar que este esfuerzo esta llegando un poco tarde (los hielos con cantidades mayores de monóxido de carbono se deshielan en velocidades directamente proporcionales a esa contaminación) --

También, aún las nuevas leyes anti tabaquismo, y las amplísimas campañas de concientización sobre los daños que produce el cigarrillo, para fumadores activos y pasivos, hay amplísimos sectores de la población mundial que están expuestos a diario, al alcaloide físico activo llamado nicotina, a su alquitrán, a sus contenidos de polonium radioactivo, arsénico, nitrosaminas y otros 32 agentes probadamente cancerígenos. Por supuesto que no existe ninguna dieta normal, que contenga cantidades suficientes de Viamina E (*6), Vitamina C, (*7), Vitamina A (*8), B3 (Niacina), B1, Colina, y otros nutrientes que contrarresten el efecto devastador de este apocalíptico placer.

Por último, el agua. El efecto invernadero, el deshielo de los polos, la disminución de la capa de ozono, la desertificación diaria de millones y millones de nuevas áreas, la tala indiscriminada de los bosques amazónicos, la destrucción de los bosques húmedos de las cordilleras de la costa, los crecientes cambios climáticos, etc. y otras desalentadoras noticias tan actuales como la delincuencia y el crimen organizado, restan cada segundo, más agua potable, de la disponible para los más de 7 mil millones de habitantes de nuestra "casa mayor", con la terrible y descontrolada contaminación de los ríos, lagos y otras fuentes hídricas elementales para la sobrevivencia de la raza humana. El análisis de este escabroso tema de la contaminación del agua implica un estudio más profundo y ya esta siendo atacado, afortunadamente, por numerosos sectores dirigentes y afectados. Se están haciendo muchos estudios, quizás tarde, sobre la "estabilidad" de los contaminantes químicos "filtrados" desde las industrias que dejan escapar sus desechos a las aguas que alimentan los peces que consumimos. El desequilibrio ecológico producido en esa fuente alimenticia elemental para aminoácidos fundamentales como la Colina y los modernos ácidos grasos Omegas, no está limitado a los lagos y ríos circunvecinos a los puntos directos de contaminación. Se ha probado que estos químicos contaminantes tienen una "sobrevivencia" muy superior a ciclos de decenas de años producida en centenas y hasta miles de kilómetros. Pero mientras tanto, ¿cómo hacemos para evitar comer los peces alimentados con aguas plomosas, sulfurosas, nitrosas, etc. y otros contaminantes "naturales" de los sistemas pluviales cercanos a los centros de consumo? ¿Será que debemos consumir, solamente peces provenientes del Sur de Chile, o desde la Antártica, o desde el norte Canadiense?- De acuerdo con lo anterior, según veremos, la respuesta está en buscar los suplementos vitamínicos, que disminuyan los efectos contaminantes que actualmente posee el aire que respiramos, la mayoría de las aguas que utilizamos y casi todos, los alimentos de consumo humano y animal.

2.- *Como Sentirse Mejor y Vivir Mucho Más Tiempo* (*2)

"Yo creo realmente que, tomando algunas medidas simples y no tan caras, usted puede obtener una vida mejor y bastante más larga. Mi recomendación más importante, es que tome vitaminas todos los días en las cantidades óptimas para complementar las que recibe de la dieta diaria. Esas cantidades óptimas son mucho más grandes que la suplementación mínima, normalmente recomendada por médicos y nutricionistas atrasados. Basado en los nuevos y mejores conocimientos del papel de los nutrientes en las reacciones químicas de la vida, mi consejo es que usted tome grandes cantidades de vitamina C y otras vitaminas" (*2)

Así comienza uno de los mejores libros sobre la salud humana, "Cómo Sentirse Mejor y Vivir Mucho Más Tiempo". Existe un alto consenso en especialistas que, Linus Pauling, fue el mayor científico que haya existido en su especialidad. La Real Academia Sueca de Ciencias le otorgó el Premio Nobel de Química en 1954 para reconocer su trabajo. El impresionante conocimiento científico y su monumental contribución a la comprensión de la química, física, biología molecular, probablemente no tiene paralelos en la historia humana reciente. Su influencia directa en la vida de las personas y especialmente en la comunidad científica, hizo que en 1962, el Comité Nobel del Parlamento Noruego, le otorgara también, el Premio Nobel de la Paz. Esto posiciona a Pauling como el único científico que haya recibido dos veces un Premio Nobel, en forma individual. (Marie Curie recibió también dos Nobel pero uno de ellos con su esposo).

Aunque el enfoque principal de su libro estuvo referido a las vitaminas y sus conclusiones provenientes de la abundante investigación científica al respecto, en sus docenas de publicaciones, Pauling, fue mucho más allá: lamenta públicamente, por ejemplo, el desconocimiento de opiniones importantes de nutricionistas y desgraciadamente de la mayoría de los médicos, sobre los descubrimientos en la bioquímica y la biología molecular. La mayoría de sus estudios, desconocidos hasta esta publicación, en casi todas las escuelas médicas, arrojaron una espectacular nueva luz sobre asuntos fundamentales de la nutrición humana. – Yendo un poco mas allá, Pauling expone que la "meta de la nutrición debería ser optimizar la salud, en lugar de meramente evitar las enfermedades" (*2) y propone claramente que, esa meta no puede lograrse sin la adición de vitaminas, aminoácidos extras y en general nutrientes extras a nuestra dieta diaria, no importa que tan buenas, que tan abundantes o que tan balanceadas, puedan ser las distintas y variadas dietas. Por supuesto que agrega explícitamente que sin el ejercicio regular los suplementos y la "buena alimentación" no serán suficientes.

Este principio fundamental de la alimentación, lo toma Omnilife como bandera, afirmando desde Linus Pauling y muchos seguidores actuales de sus brillantes postulados, que "nuestro organismo no puede obtener solamente de la comida todas las vitaminas que necesita (*2)

Trabajando en modernos laboratorios propios, equipados con alta tecnología, una cantidad impresionante de profesionales de pensamiento moderno, han diseñado ya casi una centena de complementos y suplementos alimenticios, con Vitaminas,

Aminoácidos, Minerales y Nutrientes en general que componen el Producto, base fundamental de esta historia de sucesos que conforman el Fenómeno Social del Multidesarrollo.

El Distribuidor Omnilife pone esta centena de productos a disposición de la gente, para en términos generales, mejorar su salud. En muchos casos, recuperar estados perdidos hace mucho tiempo y también alcanzar situaciones de bienestar físico mejores que antes de conocer los conceptos de buena alimentación. Quien mejora su salud y se siente bien, transmite su estado de bienestar en imagen y de hecho, extrapolando este estado, a veces hasta de euforia, consigue contagiar a su familia, a sus vecinos, a sus parientes y a quien logre transmitir su nueva situación de salud. Este efecto de "contagiar a la gente" es el comienzo de la cadena de eventos que analizamos.

3.- La Buena Salud como un derecho fundamental

Sin temer a la controversia, Jorge Vergara, con mucha continuidad, ataca como Pauling, la inercia de la gente y las actitudes – nuestras actitudes - a menudo desorientadas por los mismos gobiernos e instituciones de la salud supuestamente especializadas, con respecto a la nutrición. El laureado premio Nobel va mucho más allá y acusa claramente a la asistencia médica profesional por ignorar intencionadamente la mayoría de los nuevos descubrimientos que potencialmente pueden extender la vida. Con el respaldo de su reconocidísima autoridad científica, Pauling califica la confusa asistencia médica como "la industria de la enfermedad".- Él resguarda el derecho fundamental de todas las personas para procurar el nivel de salud más alto que sea posible de alcanzar y dice: "Es un derecho que está abierto a todas las personas. Todo lo que se necesita es hacerlo valer prudentemente. Más aún, gracias a la nueva ciencia de la nutrición, usted puede hoy multiplicar los beneficios de los hábitos saludables tomando, todos los días, las cantidades óptimas de las vitaminas esenciales" (*2)

También, sin ninguna coincidencia planificada, la Declaración Internacional de los Derechos Humanos (1948) dice en su articulo 25 que: "Toda persona tiene derecho a un nivel de vida adecuado que le asegure, así como a su familia, la salud y el bienestar, y en especial la alimentación, el vestido... etc.". El ejercicio de este derecho tiene que ver directamente con la cantidad y calidad de la información ad hoc.- Pero, si las instituciones especializadas, encargadas de establecer y hacer cumplir las normas sobre salud y consumo no hacen su trabajo, no será posible garantizar el derecho fundamental mencionado.

La "comida chatarra" o junk food tan abundante en los países desarrollados crean paradójicamente una población "mal alimentada".- Sabemos que el país mas rico de la tierra es el que tiene actualmente el mayor índice de obesidad en el mundo.- Y definitivamente, la obesidad es un padecimiento primario, del que se deriva un sinnúmero de enfermedades consecuentes, como la hipertensión arterial, la diabetes, arteriosclerosis, várices y en general la mayoría de las enfermedades cardiovasculares y digestivas.- La coincidencia del deterioro incontrolable de los alimentos disponibles, con malos hábitos alimenticios y de digestión, permiten una antiestética y obviamente insana, acumulación de residuos fecales en el intestino grueso por días, semanas y meses, haciendo que las toxinas devengadas sean generadoras del 60% de todas las enfermedades. La disponibilidad de alimentos "refinados" y los insuficientes consumos de fibras naturales han puesto al cáncer del colon, el deshonroso cartel de "enfermedad de moda".

Por otro lado, en todos los análisis y estudios sobre la vejez, las mencionadas toxinas aparecen como generadoras primarias de los ya famosos, "radicales libres", y éstos, como primeros aceleradores de los procesos vegetativos y degenerativos. Los autores Durk Pearson y Sandy Shaw en su tratado sobre la extensión de la vida - LIFE EXTENSION: A PRACTICAL SCIENTIFIC APPROACH, (*3) hacen una afirmación con la que tenemos que concordar en toda su extensión: Envejecer no es hermoso.

¡No! no lo es.

4.- *Envejecer no es hermoso* (*4)

"Existen muchas virtudes en el llegar a viejo... (Una larga pausa) ...Aún estoy pensando, dónde están esas virtudes."
— *(Somerset Maugham a la edad de ochenta años)*

Dicen Pearson y Show que por mucho que deseemos que fuese de otra manera, la vejez es una muy poco atractiva aflicción y definitivamente muy desagradable. Es cierto que Churchill, Picasso, George Bernard Shaw (*4) y algunos otros ejemplo excepcionales, estuvieron muy activos y productivos hasta avanzada edad, pero como está dicho, son excepciones. No es fácil que alguien pueda argüir, que en la vejez están tan fuertes como lo fueron en su juventud, porque la vejez, realmente no es hermosa, salvo que hagamos algo para mitigar sus múltiples efectos.-

La mayoría de las personas creen que no hay nada que se pueda hacer para enfrentar los efectos del envejecimiento y ejecutan un plan generalmente intuitivo para enfrentar esta desagradable perspectiva: primero niegan su propia (y evidente) declinación y luego se resignan al "natural" deterioro progresivo de las capacidades físicas y mentales y cuando la alegría de vivir se termina definitivamente, muchos ancianos, incluso hasta dan una bienvenida a la muerte. Los mencionados autores del bestseller, postulan que este trágico escenario, no tiene que ser, necesariamente de esa manera, si tomamos las acciones para cambiarlo.

El hacer nada contra el envejecimiento y sus efectos es la primera acción que debemos analizar. Tenemos que enfrentar el debilitamiento de los músculos y la perdida de agudeza de los sentidos. La "natural" demencia senil que se produce cuando las facultades mentales pierden claridad y disminuyen su velocidad debe combatirse. La decrepita visión de la piel arrugada y colgante podemos enfrentarla y al final los perdidos deseos de vivir pueden resarcirse. La patética visión de personas muy viejas con sus miembros temblando y luchando por caminar o hablar, es una escena mejorable con la aplicación de los descubrimientos científicos mencionados. Al final, los viejos con sus mentes y sus cuerpos deteriorándose, sufren el desinterés y el rechazo de los menores y los más fuertes, tanto que pueden llegar a sentir que están viviendo tiempo prestado y no son considerados para ningún plan del futuro. ¡Obvio!, los ancianos no son más, parte del futuro.

Algunas contraposiciones filosóficas mencionan el punto, de que hay algunos viejos como Bertrand Russell que han sido productivos, aún en la vejez. Así es, pero el mismo Russell señala, que era matemático a comienzos de su vida y luego se hizo un filósofo, debido a que el envejecimiento, no le permitió más manejar la complejidad de las matemáticas, cambió a la ocupación de filósofo, un trabajo algo menos riguroso intelectualmente hablando.

Una vez presentado este cuadro, los destacados gerontólogos, afirman que, somos efectivamente afortunados de vivir en los tiempos cuando la horrorosa historia tradicional de la vejez, no es más, necesariamente inevitable. La práctica de la extensión de vida requiere esfuerzo, pero con la tecnología, que ha sido demostrada en algunos laboratorios los científicos han conseguido exitosamente, duplicar la duración de la vida – life span – de varias especies animales. Las pruebas muestran que los mecanismos que actúan en el envejecimiento de los seres humanos, son básicamente los mismos que actúan en ésos animales.

¿Y cómo hacemos para revertir o al menos disminuir el efecto de los factores descritos, producidos por la mala alimentación, los inevitables efectos de la contaminación de todo nuestro medio ambiente y finalmente, los patéticos efectos de vejez? De la misma manera que, según Pearson & Show, con la aplicación de los adelantos científicos podemos aspirar a tener una "vejez joven" y hermosa, siguiendo los consejos de Pauling, de tomar todos los días las cantidades optimas de vitaminas para complementar la dieta diaria, podemos tener una vida mejor y bastante más larga.

5.- ¿Porque debemos suplementar con vitaminas (*2)?

Durante muchos años, algunos futuristas han previsto un mundo nuevo de tecno-nutrición en el que todos nosotros nos sentamos cada día frente a una "comida" que sólo consiste en vitaminas, minerales, antioxidantes, hormonas y otros nutrientes que juntos satisfarán nuestras necesidades fisiológicas. Algo así como comerían los astronautas viajando al espacio en reducidos habitáculos moviéndose a velocidades inverosímiles. Por supuesto también, no es improbable, que nosotros descubramos en el futuro relativamente cercano, exactamente lo que nuestros cuerpos necesitan para el funcionamiento óptimo, pero, los placeres de la vida, incluido el sabor de la comida, no podrán ser fácilmente dispensados - ¡ni nosotros querríamos eso! ¿Quién en su sano juicio querría dejar uno de los placeres más grandes de la vida como el goce de una comida deliciosa?

Lo hermoso de esta propuesta – la buena alimentación - es que "nosotros podemos comer un buen trozo de pastel y al mismo tiempo tener una buena alimentación en el sentido de lo aquí propuesto". Podemos disfrutar una comida deliciosa, casi sin limitaciones, si al mismo tiempo, mejoramos sus deficiencias, sencillamente agregando un suplemento, como Pauling y muchos otros científicos recomiendan.

5.-1. Nuestras dietas - incluso las buenas y saludables - son bastante refinadas y antinaturales comparadas al tipo de dietas primitivas (la mayoría crudas) a las que los humanos se adaptaron bioquímicamente en algo más de unos millones de años de evolución. Incluso desde hace ya bastante tiempo, no conseguimos cantidad suficiente de algunos nutrientes, debido a que métodos agrícolas "modernos", como agregar fertilizantes sintéticos por ejemplo, a suelos sobreexplotados, obtienen muy buenos rendimientos económicos por cantidad de producción, mejoras en la presentación, facilidades en el transporte, etc., pero con un alto sacrificio en nutrientes y calidad alimenticia propiamente tal. Además las comidas pierden vitaminas, a veces en valores muy importantes, debido al almacenamiento prolongado, así como a través de los variados métodos de procesamientos de enlatado y finalmente de cocción.

5.-2. Nosotros ahora - muy de repente en la escala evolutiva del tiempo – estamos viviendo dos, tres, incluso hasta cuatro veces más tiempo que nuestros antepasados y nuestros envejecidos cuerpos necesitan ciertos nutrientes en cantidades mucho mayores a las que la evolución alguna vez "pudo pensar" o proveer de comida disponible para nosotros, aun cuando la comiéramos en sus niveles máximo de nutrientes. En pocas palabras, nosotros hemos engañado a la evolución viviendo más tiempo - mucho más tiempo – del que se pudo suponer. En este planteamiento, que refleja los conocimientos adquiridos, podemos extender nuestros horizontes mejorando la calidad de los alimentos con la ayuda de suplementos nutritivos externos.

Entonces, parece ser, que hay coincidencias claras, en la necesidad de la suplementación diaria de la alimentación, para contrarrestar en parte, los aberrantes desequilibrios que producen un mundo subalimentado y un mundo sobre, pero mal alimentado y al mismo tiempo para postular a una vida no solamente más larga, sino también con calidad.- En lo que todavía no hay coincidencia, es que aún las comunicaciones y los maravillosos avances de la ciencia y la depuración efectiva de los métodos de investigación, en el día de hoy, no hay un consenso general en cuanto a las "cantidades óptimas" de vitaminas, aminoácidos, minerales y nutrientes en general, que necesita el organismo para enfrentar la lucha diaria, en esta guerra contra las enfermedades que matan diariamente millones de personas, mucho antes de lo que pareciera ser la "sobrevivencia natural" a la que tenemos derecho según el "diseño perfecto" del Creador, cualquiera sea el concepto teológico a aplicar. Las recomendaciones publicadas van desde las cantidades muy pequeñas aprobadas por la FDA - Food and Drug Administration - diseñadas básicamente como nivel límite de prevención de enfermedades, hasta cantidades increíblemente grandes publicadas por "expertos" en vitaminas que no pueden justificar ninguna de sus demandas científicamente. Probablemente el nivel óptimo se sitúa entre esos extremos y los dados por expertos serios, que constantemente revisan la literatura científica disponible para ver lo que los últimos estudios consideran. El objetivo es aumentar al máximo los beneficios potenciales del suplemento vitamínico, al mismo tiempo que se garantiza la seguridad de todos.

PARTE II

EL FENOMENO ECONOMICO

6.- El Multinivel.

En las variadas fuentes del conocimiento, facilitadas por el internet, se encuentra bastante literatura sobre las formas, los modos y muchas estadísticas, sobre el "marketing multinivel" -- digamos que "está de moda" -- por lo que, es relativamente sencillo encontrar información acerca de este ingenioso sistema de negocios:: el marketing de redes, mercadeo en red o mercadeo multinivel, (MLM por sus siglas en inglés) es una forma del mercadeo directo, en la que una persona se asocia con una compañía matriz, fabricante o distribuidor principal, no como empleado vendedor, representante u otra forma de dependencia laboral sino como un distribuidor independiente y recibe, en esa asociación, una compensación basada en la venta de productos o servicios. En cierto modo, el mercadeo en redes, otorga una franquicia individual y paga comisiones y/o regalías por las operaciones del "franquiciado" y la de otros miembros, también asociados a dicha persona, los que a su vez también pueden generar sus propios asociados a la distribución y a la opción de recibir dichas comisiones y regalías.

Dice Wikipedia (*4), (una de las centenas de fuentes que aluden una definición o descripción de este sistema de mercadeo) que esta idea, el multinivel, apareció en los años 40, cuando la "California Vitamins Inc.", de Carl Rehnborg, una empresa de suplementos nutricionales, modificó la venta directa de "puerta en puerta", por la de un innovador esquema de comercialización, en la que el "cliente satisfecho" podía generar algunos ingresos extras, convirtiéndose en distribuidor de tiempo compartido. Más tarde, Rehnborg agregó la posibilidad de que esos "clientes distribuidores", podían a su vez, reclutar a otros distribuidores y ganar una comisión sobre la venta realizada por los nuevos invitados al esquema de distribución". -- Esta es la idea básica de las redes de mercadeo -- Existen muchas empresas que utilizan, parcial o integralmente este exitoso sistema, con un objetivo final de ventas incentivadas a través de comisiones y regalías repartidas entre sus distribuidores independientes definidos más claramente, como "vendedores". Pero así como hay muchísimos seguidores que muestran números de éxito, hay también críticos que alegan que algunas compañías consiguen sus beneficios, atrayendo nuevos participantes que pagan por su incorporación y no a base de vender productos, generando un sistema piramidal combatido desde el punto de vista ético y en algunos casos hasta legal. Nótese que en el sistema piramidal puro, los primeros distribuidores en llegar a una zona virgen podrían llegar a tener mejores resultados, pues tienen la oportunidad de conseguir suficientes distribuidores para construir una red grande. Pero, cuando el producto comercializado, es un elemento suntuario (relativo al lujo) o algo no estrictamente necesario, aún sea un elemento modificador o influyente en la forma natural de vida de las personas, es probable que se produzca, en los niveles inferiores de la distribución, algún grado de saturación que dificulte la venta y la búsqueda de nuevos distribuidores. Y si además, este nivel de saturación estuvo previsto de alguna manera por los iniciadores de la red y/o sus seguidores, este inconveniente natural de la distribución en redes se convierte en una estafa.- La advertencia explícita podría atenuar la ilegalidad, pero no la desaparece en la carrera por cubrir la mayor área de crecimiento posible en cuanto al número de distribuidores se refiere. La elección del producto comercializado a través del método mencionado puede mitigar en gran parte este factor aparentemente negativo del sistema. Consumibles, alimentos, servicios repetitivos, etc. podrían disminuir hasta eliminar esta seria acusación contra el mercadeo en redes. La inestabilidad de este límite operativo agravado por el comportamiento no programable de los individuos, inducen a crear otros elementos paliativos, o definitivamente modificadores. La intersección de estos conjuntos, multinivel y piramidal puro, genera un límite grisáceo a oscuro que, como se mencionó, ha sido incluso fuente de reclamaciones legales.

Los planes de compensación que las empresas ofrecen a sus asociados a través del sistema multinivel son básicamente una ganancia personal por la venta de productos y, adicionalmente, ganancias por la configuración de una red. La versatilidad del sistema ha permitido crear diferentes métodos, con diferencias que van desde las conceptuales hasta las subliminales, que no son notadas hasta una vez inmersos en el sistema propiamente tal. Algunos de los métodos más conocidos son:

El Plan escalonado, más conocido como "Breakaway", es uno de los más comunes. Su antigüedad en el mercado, ha dado oportunidad de crear algunas empresas muy sólidas y líderes en el Mercado Multinivel cómo por ejemplo Herbalife, Amway o Forever Living. En este sistema los distribuidores ganan una comisión de sus ventas personales (descuento sobre volumen) y de las ventas hechas por los grupos que hay por debajo de ellos, hasta que los igualen en el escalón (de ahí su nombre). El crecimiento individual está siempre "amarrado" a la estructura completa y limitado al crecimiento del "upper line" o presentador.

En el Plan Matricial o Matrix, la anchura de cada nivel está limitada a un grupo de distribuidores, forzando de este modo a los distribuidores fuertes a apilar a sus nuevos reclutados debajo de gente que no hizo el trabajo de patrocinarlos. Este intento de formar "escuadrones" fuertes, fue creado en los años 90 especialmente en Australia y es un buen ejemplo de trabajo en equipo, con las deficiencias normales de un sistema que intenta cubrir la heterogeneidad natural del individuo con reglamentaciones inflexibles.

El trabajo en equipo es aún más forzado en el Plan Binario, el cual limita la anchura de cada nivel a dos patas. Este es un modelo todavía cuestionado porque no ha logrado acreditar algún éxito claro en el mercado. La principal ventaja es que no hay escalones o niveles y los asociados ganan lo mismo independientemente del nivel en el que se encuentren. Los Binarios pagan por equilibrio entre las ventas de cada pata o línea (izquierda y derecha) el problema surge en la dificultad de conseguir ese equilibrio. Bestway es una de las pocas empresas que utiliza este sistema binario con algún éxito.

Una "desviación" del espíritu de negocio del sistema multinivel es la estructura ascensor o piramidal. Su legalidad es cada vez más cuestionada y consiste en un "tablero de juegos" en el que cada distribuidor paga una o más unidades de productos para poder participar o recibir bonificación. Este esquema tiende a dar al fundador del negocio todas las ventajas del trabajo de grupos, dejando muchas veces en la quiebra a los últimos que llegan. El límite operativo de las pirámides puras, están consideradas como un fraude, por lo que todas las empresas en el rubro intentan, de alguna manera deslindar este concepto hasta cierto punto intrínseco en la definición del exitoso sistema de negocios que analizamos.-

6.-1 Las modificaciones al multinivel

Si al crecimiento natural del mercadeo en redes, se le insertan incentivos y procesos que desdibujen primero, la forma piramidal natural del multinivel y luego, desde el comienzo, se establezcan también caminos claros para escalar "sin limitaciones" hasta los niveles más altos, se puede generar entonces, un crecimiento atípico. En el caso que analizamos, se han añadido modificaciones sustanciales en la gestión del sistema. La empresa en cuestión, agrega a la utilización de testimonios francos, honestos y simples, multiplicados geométricamente (en red), incentivos que incluyen un reparto de utilidades, que pudiese ser superior al 65% en algunas situaciones individuales y hasta el no menos interesante 44% en la mayoría de los grupos.- Además de las altas comisiones por venta directa – menudeo – la limitación hasta 6 niveles, del alcance de los "underlines", permite que un empresario en el tercer escalón, por ejemplo, pudiere tener entradas mayores que su patrocinador, haciendo que sus líneas inferiores sean más productivas que las primeras desdibujando definitivamente la pirámide distributiva de los ingresos. Se agregó también, un ingenioso "detalle" en la forma de repartir las comisiones de ventas, diferenciando "comisiones" y "diferencia de descuentos". Las primeras son una representación directamente proporcional del volumen de ventas de la organización y representan el "cuerpo" de la estructura de distribuidores hasta el tercero, cuarto, quinto o sexto nivel; las segundas, distribuyen en toda la estructura, otra comisión mayor que la anterior y son proporcionales al tamaño de la red hacia abajo y a la comisión individual del underline.- Este estímulo más directo y fuerte hace que el distribuidor – empresario dedique más tiempo y esfuerzo a la búsqueda e incorporación de otras personas a la oportunidad de formar también su propia red de mercadeo. Estas diferencias por descuentos, son comisiones que están amarradas al descuento que obtiene un "underline" en sus compras y es inversamente proporcional al crecimiento de éste. Por otro lado, el direccionamiento de premios y bonos por producción individual permiten el destaque de cualquier distribuidor, independiente de su ubicación en las escalas de crecimiento de grupos. Existen distribuidores que dedican sus esfuerzos solamente a obtener premios directos, como viajes, casas, automóviles, premios en dinero, enseres, equipos, etc. La variedad de estos bonos en cantidad, tiempo y requisitos, agrega al sistema de negocios una flexibilidad ilimitada que incentiva la imaginación y provoca desafíos que convierten sueños irrealizables en metas totalmente alcanzables.- De esta manera es factible de encontrar, por ejemplo, en un viaje internacional de lujo a destinos de primer nivel, a distribuidores de joven ingreso que hace poco tiempo estaban desempleados, enfermos o sencillamente no tenían en sus planes o perspectivas la posibilidad real de disfrutar de actividades reservadas solamente a los sectores más privilegiados de la sociedad.- Volar en avión, hoteles 5 estrellas, trato personalizado en cada una de esas etapas, etc. son muchas veces "primera vez", para muchos de los nuevos distribuidores. La priorización del esfuerzo y la constancia, sobre la antigüedad o posición en la escala, generan un claro quiebre de la discutida pirámide de crecimiento lo que agregado a los generosos incentivos, convierten el exitoso multinivel en un increíble Fenómeno Económico.

6.-2 El Testimonio como método.

Conocedor del método de distribución, Jorge Vergara, fundador de Omnilife de México S. A de C. V. propuso otras modificaciones al sistema de mercadeo puro, generando "variables" encaminadas básicamente a reorientar los conceptos elementales de ventas. Para esto, en vez del conocido concepto de "vender", estableció la acción de "compartir" como verbo a utilizar, el que evidentemente incluye desde su etimología, elementos que alcanzan mucho más allá que la venta propiamente tal. Propuso que el distribuidor inicialmente consuma el producto (definido en el capítulo anterior), obtenga los resultados de salud propuestos y "comparta" la historia positiva generada en el proceso. Este testimonio, repetido por consumidores heterogéneos en cultura, formación e idiosincrasia, da al producto un importante valor agregado en la gestión de esta forma de mercadeo directo. Cuando coinciden más de dos testimonios, sobre los resultados de un mismo producto, esta coincidencia se convierte en una definición y característica intrínseca del o de los productos. Visto de esta manera, distribuir un producto de la calidad ya expuesta, refrendada por testimonios "incorporados" al producto mismo, ahora sí, el vender, parece una labor relativamente sencilla. Este solo cambio de concepto es la base para que se produzca el fenómeno económico que analizamos en las dimensiones que explicamos.-

Alrededor de los años 50 aparecieron en el mercado una serie de alimentos refinados, como harinas y azúcares, que crearon una indeseada deficiencia generalizada de fibras naturales en la dieta alimenticia. No mucho más tarde se percibió un incremento notorio en el número de pacientes con cáncer al colon, úlceras gástricas y otros padecimientos digestivos. El avance de la investigación científica propuso la refinación de productos esenciales como causa inicial de estas enfermedades. En la actualidad existe una clara conciencia en la necesidad de disponer con al menos 30 gramos diarios de fibra natural en la dieta. Testimonios sobre un producto Omnilife que contiene una alta concentración de fibras naturales adicionadas con vitaminas y minerales hablan de resultados asombrosos en el mejoramiento de las funciones del sistema digestivo. El trabajo ordenado y eficiente del aparato digestivo produce, en términos generales, un mejoramiento notorio de la salud que se refleja en un estado de ánimo contagiante. Seguidamente, la repetición constante de un testimonio tan personal como el funcionamiento del sistema digestivo, genera una cadena de beneficiados que multiplican la difusión de las bondades del consumo del producto y consecuentemente el crecimiento geométrico de la curva de ventas.

De la misma manera, a finales de los años 70, Durk Pearson y Sandy Shaw, en el mencionado libro sobre la Extensión de la Vida, pusieron en primer plano los efectos que la Arginina (un aminoácido natural) tiene sobre la recuperación de los huesos quebrados, el fortalecimiento de la piel y el incremento de la masa muscular sin aumento de peso, mostrando que este aminoácido, hoy considerado esencial, produce éstos y otros efectos "maravillosos" incentivando la producción natural de la Hormona del Crecimiento – GH – a la vez que participa en la formación de otras proteínas de la regeneración molecular. Los testimonios sobre los resultados que produce un producto de Omnilife que contiene una dosis importante de Arginina, no se hicieron esperar y van desde una asombrosa recuperación de cirugías en mitad de los tiempos previstos, hasta concepciones "milagrosas" en parejas presuntamente estériles en las cuales se multiplicaron las cuentas de espermatozoides o se regularon procesos de ovulación obstructivos. La cadena de testimonios repetidos de voz en voz, hablan también de un increíble resultado en el mejoramiento de los procesos de disfunción eréctil y otros desarreglos sexuales masculinos y femeninos, lo que naturalmente ha producido una demanda en aumento del producto mencionado. Solamente hasta el año 2000, quedó demostrada la injerencia directa de la Arginina en estos últimos procesos, cuando los Doctores, Robert F. Furchgott, Louis J. Ignarro y Ferid Murad, ganaron el Premio Nobel de Medicina por Fisiología, por sus descubrimientos concernientes al óxido nítrico como una molécula fundamental del sistema cardiovascular y responsable de un número creciente de aplicaciones médicas, como en el control de la presión sanguínea por ejemplo y entre las que ha sobresalido su aplicación en el famosísimo Viagra(®) producto qué es basado en el óxido nítrico. Sucede que, según los investigadores mencionados, el aminoácido arginina beneficia la producción de óxido nítrico natural (NO) en forma de gas en el endotelio arterial, haciendo que su función neuro-conductora se convierta en un muy eficiente estimulante circulatorio. Este fundamento técnico científico fortaleció el "prestigio" del producto y explica el boom del consumo de arginina producido en los 80`s (GNC la gigante norteamericana de alimentos, incrementó sus ventas de Arginina hasta el agotamiento de sus stocks), esto dio fuerzas a la cadena de testimonios que estudiamos como "método de gestión" del analizado Fenómeno Económico.

La Sábila o agave americana, originalmente Aloe, preparada en sabores muy amigables, genera fácilmente, testimonios completos de control de peso y afirmaciones contundentes de desintoxicación y éxitos en necesidades des inflamatorias. El producto llamado Egoplant contiene "cola de caballo" (esquiselum arvense), en su natural sabor herbal, que confirma la utilización popular en la solución de problemas renales y circulatorios. Estas menciones, son apenas una parte del ya casi un centenar de productos Omnilife que cuentan, cada uno de ellos una historia propia, fácil de vocear en testimonios comprobables y altamente redituables en ventas y creciente demanda.

La experiencia adquirida por "Omnidesarrollos" (la empresa que investiga y produce productos para Omnilife) y la exquisita metodología de trabajo, la llevó a lograr un producto basado en salvado de arroz extraído por un proceso particular que incrementa la susceptibilidad de las células cancerígenas a experimentar apoptosis (muerte celular programada). La seguidilla de testimonios referentes a este producto crearon entonces una afirmación compartida: "tenemos un producto que puede prevenir y hasta curar el cáncer". Ante este tipo de afirmaciones casi populares, Omnilife se apresura en etiquetar todos sus productos, alertando "este producto no es medicamento" y "el consumo de este producto es responsabilidad de quien los recomienda y de quien lo usa". No podría ser menos, los que usufructúan de la "industria de la enfermedad" (Pauling, PARTE I, pag. 19) no permitirían afirmaciones tan contundentes como ésta, del aún desconocido mundo de la nutrición.

Así como Pauling afirma que en una aplicación experimental de la Vitamina C, obtuvo un importantísimo resultado positivo en pacientes con cáncer terminal, existen otros autores como A.Hoffer,(*5) que postulan, mostrando varios testimonios, que con la utilización de nutrientes en cantidades y formas adecuadas se puede vivir mejor y más tiempo "aun con cáncer".

7.- El Empresario Omnilife – EO

Decíamos que el sistema Multinivel es una forma del mercadeo directo, en la que una persona se asocia con una compañía matriz, fabricante o distribuidor principal, no como empleado vendedor, representante u otra forma de dependencia laboral sino como un distribuidor independiente. Esta definición por sí sola, podría explicar el concepto esencial del mercadeo en red, pero la tendencia nacida de la "costumbre" de subyugar el trabajo al capital, ha impedido en la mayoría de los sistemas conocidos, que se cumpla a cabalidad esta idea de independencia total de un trabajador – distribuidor. Más complicado parece ser establecer una red de empresarios – distribuidores, donde el capital nace de un esfuerzo común sin ninguna relación laboral en el estilo clásico general o en las diferentes formas que opera comúnmente la dupla "capital – trabajo" incluyendo la independencia total entre sus miembros y las regulaciones que norman esta relación.

En el concepto general de empresario, siempre aparece la idea de "capital inicial", emprendimiento o básicamente de inversión sustentadora de los comienzos del desarrollo de la empresa, es más, la inscripción legal de cualquier empresa en la mayoría de sus formas, exige y escribe un capital declarado, real o ficticio.- En el caso analizado, este modelo multinivel modificado, no implica un capital inicial. Inversiones mayores, no sólo son una desviación de la idea original sino que, sorpresivamente, son generalmente inoperativas.- La siguiente definición de EO que maneja esta empresa describe las diferencias con el empresario tradicional, pendiente de su producción, de sus trabajadores, de la familia de ellos, del cumplimiento de compromisos laborales, de los tiempos y las formas de todo el entorno relacionado con su conglomerado técnico operacional y su equipo humano, variable en tamaño según las dimensiones del negocio.- Es probable que exista alguna actividad remunerada que alcance aristas similares a la de la descripción de un EO, pero el propio EO siente, y lo publica, que no existe en otro sistema un trabajo tan bien remunerado que además incluya las características que enumeramos:

7.-1 El EO es dueño de su tiempo :: Genéricamente, la actividad empresarial está ligada desde su definición a una estructura "normal" que debe incluir horarios comunes y afines con el desarrollo de su actividad. La confección, distribución o servicio que la defina, incluirá ineludiblemente una adaptación lo más cercana posible al mercado que desea alcanzar. Contrariamente, por la naturaleza del producto y el sistema de distribución que hemos detallado, el EO no está limitado a horarios de comienzo y término de jornadas laborales, ni de continuidad o frecuencia, sino que dependerá exclusivamente de la intensidad que quiera desarrollar su trabajo de compartir y hacer llegar el producto a sus reales o potenciales clientes y esta será una definición diaria, tan variable como sus intenciones reales de hacerlo.

7.-2. El EO elige donde abrir su empresa:: De la misma manera que no tiene horarios ni limitantes estructurales, el EO, puede comenzar su negocio desde la casa, en el teléfono por ejemplo, en el internet, quedándose en el domicilio el tiempo que su programa independientemente diseñado le permita. Podrá atender su familia u otras actividades domésticas, al tiempo que "trabaja" en el consumo de los productos atendiendo esa parte esencial del método de ventas. O quizás en algún momento de sus actividades, puede volar a otra ciudad o país para quedarse allí el tiempo que considere necesario para sus fines, o como los comunes, moverse a una oficina establecida en alguna ubicación permanente o provisoria según las influencias temporales de la etapa del negocio que esté desarrollando.

7.-3 El EO, tiene una mejor calidad de vida:: Lo anterior genera automáticamente una calidad de vida directamente proporcional a sus requerimientos o planes personales o familiares, aun antes de obtener resultados palpables y permanentes. Definir donde trabajar en total y libre elección y el horario y momento para hacerlo es el anhelo de muchos (¿todos?) asalariados o empleados de la mayoría de las profesiones u oficio. El sentirse directamente retribuido por el mayor o menor esfuerzo hecho, generará lógicamente un sentimiento placentero. En la mayoría de los trabajos asalariados se fija con anterioridad una compensación económica por las labores establecidas en el contrato de trabajo. La mayoría de los métodos conocidos no genera variaciones en el valor de la compensación cuando puntualmente existió un mayor o menor esfuerzo en dichas labores.

7.-4 El EO ayuda a otros a recuperar su salud:: como se enunció en la PARTE I, página 9, ser "gente que ayuda a la gente" satisface no solamente el perfil material del negocio, sino también un sector, para muchos muy importante, del desarrollo humano. El deterioro de la salud, es un lugar común que aqueja a la sociedad actual en proporciones realmente preocupantes. La ciencia médica y todas las variables del sector oficial de la salud, están siendo sobrepasadas por los eventos ambientales y de hábitos de la vorágine social y productiva que destruye el medio ambiente, y obliga a comportamientos de vida catastróficamente ligados a la auto destrucción de la salud. La aparición descontrolada de nuevos virus está generando una lucha titánica de ese sector, con muchas aristas ineficientes. Ser parte importante de uno de los factores que revierten este destructivo mal social, la buena nutrición, es tremendamente enriquecedor en lo espiritual y finalmente en lo material. Sin ser un profesional oficialmente aceptado en el área de la salud, el EO, es parte, cada día más, de este nuevo universo de la búsqueda de soluciones de supervivencia, la suplementación alimenticia. La búsqueda de la "masa crítica" que genere resultados definitivamente efectivos en este campo, se plantean a manera de Epilogo.

7.-5 El EO puede mejorar permanentemente su economía:: evidentemente que la utilización de un método de ventas tan efectivo como el multinivel aplicado a un producto de la calidad descrita, genera un EO que experimenta un constante mejoramiento de su economía en valores similares a un buen empleo y en muchos casos en valores que desbordan lo extraordinario. Las ventajas tan particulares del método, escritas en este capítulo, el ejercicio ordenado y constante de este estilo de vida, permite un crecimiento económico perfectamente previsible y descriptible con facilidad. La descripción de esta aparente sencillez del método, genera a su vez más interesados y candidatos a convertirse en EO, que produce entonces más crecimiento económico.

7.-6 El EO puede experimentar un cambio integral de vida:: La descripción anterior del EO, con un trabajo sin limitaciones externas, con interesantísimas expectativas económicas y cumpliendo con una necesidad natural de integrarse a la sociedad que nos rodea y sin límites de crecimiento económico producidos por este inteligente sistema de negocios, son fáciles de extrapolar hasta alcanzar cifras que permiten un cambio total de vida deducible de la impactante disponibilidad material. Esta mayor disponibilidad económica, acompañada de las características enunciadas arriba y otra serie de características colaterales, que se describen en la PARTE III, generan un valor agregado que describen un verdadero cambio integral de vida en el EO y en su entorno familiar. Ahí, el éxito del sistema salta desde un entendible Fenómeno Económico a un sorprendente Fenómeno Social. (PARTE III)

7.-7 EL EO, puede calificar a Bonos, Premios y viajes:: El sistema de compensaciones extras, diseñado para quebrar con claridad las deficiencias del sistema piramidal, aplica a cualquier nivel que se encuentre el EO, desde los primeros momentos de su incorporación, aun sin estructuras construidas, hasta la experiencia de todos los capítulos que el brillante sistema genera. Es así como ejecutando los mismos elementos básicos del sistema de distribución, pueda al mismo tiempo, obtener premios adicionales, muchas veces de mayor valor que las ventas y comisiones mismas. Existen EO, que priorizan la obtención de estos incentivos aumentando aún más lo descrito en el párrafo anterior: mejorar la calidad de vida con agregados de premios soñados y viajes de primer nivel a lugares nunca previstos.

7.-8 La recompensa del trabajo duro es también salud y economía:: decíamos que el trabajo del EO consiste en tomar el producto como paso inicial. El trabajo constante obliga a estar permanentemente consumiendo los productos y sus consecuentes beneficios. Por lo que un EO tiene una altísima posibilidad de mantener su salud en el mejor nivel. Otra vez, el presentarse con un evidente buen estado de salud, facilita la trasmisión del mensaje y la consecuente aceptación del producto y sus beneficios, lo que se revierte en más ventas, mas nuevas personas invitadas al negocio y mayor crecimiento.

7.-9 Sabe que su constancia y esfuerzo tiene un futuro económico prometedor:: No es difícil para el EO, soñar con un esplendoroso futuro. Conocer decenas de EO que lograron "objetivos soñados" haciendo lo mismo que él puede y está haciendo, lo induce a copiar, seguir el ejemplo y obtener mayor certeza en la obtención de sus metas. Esa misma seguridad, una vez más, transmitida y evidenciada en cada accionar, produce más ventas y más logros.

7.-10 Se pone así mismo sus propios límites.- El sistema no pone límites ni al tiempo de trabajo, ni a los planes de crecimiento económico y/o personal:: decíamos que algunos sistemas del mercadeo en red, (6.-0) definen límites de crecimiento en algunos de los sentidos del desarrollo del distribuidor independiente, formal o intrínsecamente obligan al distribuidor a depender de segundas columnas o al equilibrio de las redes, por ejemplo, o sencillamente a esperar el crecimiento de los "upper lines" para continuar el propio, lo cual pone paredes laterales o verticales en el crecimiento real o al menos en la motivación individual. En el sistema modificado que describimos, el EO, no tiene límites de crecimiento, salvo las que generan los propios accionares individuales del conformismo, del miedo a ser o a tener o sencillamente, la falta de claridad en las metas a obtener. Después de algún tiempo relativamente corto de trabajo ordenado, constante y bien focalizado, existen EO con entradas equivalente a números de más de 6 cifras lo que define al sistema como un trabajo totalmente atípico en sus logros y en sus métodos.

7.-11 Confía en sí mismo:: Si las metas conocidas o propuestas de antemano, pequeñas o ambiciosas, medianas o grandes, se comienzan a mostrar perfectamente alcanzables desde el primer momento que ejecuta el sistema, se produce automáticamente, una seguridad personal creciente y directamente proporcional a los resultados obtenidos. La independencia de planificación, de decisión y de acción en el trabajo, recrea seguridad y autoconfianza. Este desarrollo de la personalidad, es además incentivado por cursos, conferencias y material auxiliar disponible como parte del sistema de soporte ideado por la empresa productora. Alcanzar metas pequeñas, como viajes, carros, bonos, etc. o metas mayores como la consolidación económica dentro de un ambiente de salud propio y cercano, ineludiblemente producirá confianza en el sistema que redundará otra vez en mayor autoconfianza. Este círculo cerrado con frecuencia incrementa las ventas, la calidad del compartir y el incremento de la autoconfianza que se convierte en una característica notoria del EO.

7.-12 No tiene miedo a aprender:: Ligado con lo anterior, comienza o se renueva, el deseo innato de saber más sobre el negocio, sobre el producto y principalmente sobre los resultados económicos y de salud que obtiene, que conoce y que percibe a su alrededor. Los miles de testimonios presenciados en el ejercicio permanente de los pasos del sistema, resultan en un campo necesario de investigar y conocer. El deseable e influyente desarrollo de las habilidades propias, en el crecimiento del EO, necesitan de una actitud expectante hacia este elemento principal: saber más sobre su trabajo y sus exitosos resultados. Esta disponibilidad hacia el mejor conocimiento de lo que hace, cimentada en la impensada realidad inicial de "experto nutricionista" moldea otra característica particular del EO, su abertura hacia el conocimiento del producto, de sus efectos y principalmente de las innumerables comprobaciones de las afirmaciones hechas por el fundador que dejan de ser mercadotecnia simple reemplazadas por resultados tangibles.

7.-13 Conserva siempre el buen humor: La constatable calidad de salud propia, la buena disposición física que el consumo constante del producto produce, la seguridad de un futuro abierto, lleno de nuevas oportunidades presentadas a diario y la satisfacción de realmente ayudar a la gente con la que trata a diario, produce automáticamente un estado de humor altamente positivo, esto redunda (otra vez) en mejor calidad de la transmisión de la imagen de éxito que produce mejores resultados del negocio. No es difícil estar de acuerdo en que una persona, sana, económicamente exitosa, libre en sus determinaciones de tiempo, lugar y distancia, esta también, siempre de buen humor.

7.-14 Cree que pueden salvar el mundo:: Esta idea de poder influir realmente en la solución de los problemas de la sociedad actual se trata un poco más en profundidad en la PARTE III y tiene que ver con la sensación real que proveniente de estas características del EO que hemos descrito. Durante el desarrollo del negocio, una vez que se experimentan resultados de salud y de dinero en una cantidad palpable de beneficiados, no es difícil que nazca una visión extrapolable de éxitos y soluciones de vida

Seguramente es posible definir algunas otras características particulares del EO y el negocio consecuente de esta cofradía de empresarios/consumidores felices, que rebasa con creces, la "tendencia natural del sistema" al ordenamiento piramidal y privilegia el progreso individual apoyado en el trabajo de grupo, sin limitar la libertad de poder llegar hasta donde cada uno se lo proponga.

En su página oficial, Omnilife se presenta como "un conjunto de elementos para el bienestar general del ser humano indicando que sus productos son únicos y de calidad insuperable, además de ser una oportunidad de cambio de vida con mejor salud, economía y desarrollo personal, donde pones tu propio horario, eres tu propio jefe, estás en control de tu vida, agrega que estas expuesto a un aprendizaje continuo, y afirma que puedes conocer el mundo teniendo el cielo como techo y el mundo como espacio de crecimiento".

En lo que sigue de este capítulo, aparecen otras características que definen también al EO resultante del sistema que analizamos y elementos que refuerzan nuestro postulado de Fenómeno Social.

8.- La Previsión Omnilife

Probablemente, uno de los asuntos materiales más importantes en la vida, es el poder fijar el período realmente efectivo del proceso productivo del hombre y las maneras de cómo enfrentar la etapa posterior a la vida laboral. En la dificultad práctica de definir esos valores generales con precisión y justicia para que sean de alguna manera, aceptados por la mayoría, el comienzo y el final de la vida productiva del individuo, hombre o mujer, está quedando como una definición del Estado, mejor dicho, por ley. Es la reglamentación vigente la que dice si tienes o no capacidad productiva. No es tu salud, ni tu necesidad económica, ni tu área de desarrollo o sencillamente tus ganas de trabajar la que toma la decisión enunciada. Es la ley la que fija tu tiempo de jubilar. ¿Y cómo fija la ley estos límites? Si bien es cierto, hay una consideración relativa a las expectativas de vida del medio - "life span - a los "derechos de jubilar" – Según la Real Academia Española, jubilación no es solamente el acto de retirarse de la vida activa, también tiene que ver con el derecho de "gozar" después de una vida productiva, un merecido descanso con "viva alegría" - y a una media internacional "generalmente aceptada", la edad productiva depende de las necesidades del Estado, no del individuo.- Es así como en los países mal llamados "en desarrollo", se hace vista gorda al trabajo de los menores por un asunto de necesidad de sustentación básica para las familias pobres y desempleadas, la vida productiva acá comienza mucho antes de los 15 años a la vez que el ahorro previsional es un asunto esporádico durante toda la vida laboral, peor aún, éste es eludido no sólo por el empleador - empresario informal y usurero - sino también por el mismo trabajador – obrero, empleado - en la falsa idea de un rédito mayor; por el contrario, en los países ricos, el comienzo de la vida laboral es retrasada voluntariamente en bien de una mejor preparación para la alta competitividad del medio, al mismo tiempo que se obliga al ahorro previsional que a la vez se convierte, por sus montos, en el motor principal de la economía, este importante ahorro personal del trabajador, exenta al estado, lo más posible del cuidado de los "inhabilitados" para producir. Los cambios en los procesos de previsión social son cada día más impersonales, los procesos de prever la forma y el final de la vida después del trabajo han cambiado y no necesariamente a favor del afectado, el empleado.

Es así como en las últimas décadas se ha migrado desde una previsión totalmente ejercida por el Estado "benefactor" a un sistema de responsabilidad individual supervisada por empresas especialistas que utilizan los fondos previsionales para hacerlos producir disque en forma segura, mientras llegan los tiempos de utilizarlos sin que pierdan su valor real y aunque muchas veces aparecen signos y hasta evidencias de usufructúo, las "desviaciones" legales del sistema particular son mucho menores que los sistemas de antaño, donde los fondos previsionales iban al saco roto de las arcas fiscales y eran custodiados por el gobierno de turno de la misma manera que el zorro cuida el gallinero. La discusión actual está dominada por la manera de designar al agente privado encargado de cuidar estos fondos, generalmente obligatorios y los costos con que estas empresas financieras castigan los ahorros del imponente. Por ejemplo, las compañías previsionales en Chile, (uno de los primeros países que aplicaron el nuevo sistema) inyectaron a su economía, un promedio de 65 mil millones de dólares anuales en los últimos 5 años, asegurando para el trabajador rendimientos promedios (intereses) varias veces mayor que el antiguo Servicio del Seguro Social del Estado, pero adueñándose, por este medio, con ese dinero, de gran parte de los factores económicos y consecuentemente de los sectores reglamentados del propio sistema .- En México las Afores, un poco más nuevas que las AFP sureñas, todavía deben competir en razones y valores reales, con los descontrolados y misteriosos sistemas de jubilación de algunas empresas estatales, financiadas por supuesto, por el mismo fondo común que construye caminos, financia la educación y fomenta el desarrollo – la caja fiscal. Esto ha hecho que su "intervención" en la economía local sea, todavía, menos incidente que la idea de los que las crearon. Otro ejemplo muy exitoso de este método es en la Gran Bretaña donde la privatización del sistema de pensiones permitió volver al país al liderazgo histórico de siglos anteriores.

Pero al final, lo que realmente se pretende con los diferentes métodos y enfoques de la Previsión Social, es que se cumpla el sentido expreso, de prevenir la acción social positiva del individuo que ya no es capaz de producir su propio sustento y que continúa viviendo, necesitando del soporte de los servicios básicos, sobre todo de los servicios de salud que normalmente crecen hasta su muerte. En otras palabras, que el trabajador otrora productor y generador de riquezas, no se convierta per se, en una carga para el Estado, que aunque, es triste mencionarlo, definitivamente tiene otras materias que atender.

Existen actualmente muchas variables de este último sistema privado de pensiones, en el que una "gran" empresa previsional especializada, internacional, administra los fondos de ahorro para los tiempos en que dejemos de ser productivos. Por otro lado, aunque los estados han intentado proteger al máximo estos fondos con reglamentaciones estrictas (no es para menos), aún existe el riesgo de poner los frutos productivos de toda la vida laboral en manos de un sistema impersonal con objetivos más técnicos que sociales. Pero, como se muestra en la gráfica de la página sub siguiente, aún las muchas bondades del sistema, un trabajador protegido con un "buen plan de pensiones" raramente continúa recibiendo como trabajador pasivo los mismos valores que recibía como trabajador activo, parece evidente desde el punto de vista de la producción, pero no tan claro desde el punto de vista social. Esta situación empuja al individuo a posiciones de mayor pasividad aun y comienza en ese momento la grisácea conjunción de las líneas de productividad con las de la vejez y el final de la vida (véase en el Capítulo I, "La vejez no es hermosa").-

La gravedad (¿debe decir realidad?) es mayor, cuando el sistema previsional supone que al morirse el asegurado (no más asalariado), la familia sobreviviente, tiene ahora menores necesidades, por lo que recorta el valor de las percepciones en el mejor de los casos hasta el 60%.- Cuando la esposa también desaparece, los "herederos" quedan definitivamente desconectados de la otrora vida laboral de su protector y el trabajo de aquél pasó a ser parte de la historia familiar. Por otro lado, los ahorros previsionales restantes, se reparten entre los usuarios del saco roto fiscal o pasan a los activos de la compañía previsional, nunca a los expectantes herederos.- Este "desajuste de honorabilidad" se tiende a minimizar en el detalle de las reglamentaciones de la mencionada "Ley Previsional" haciendo, al momento de cambiar el status de activo a pasivo, una serie de cálculos aritméticos y estadísticos que asumen la fecha estimada de tu muerte y de tu cónyuge para que al final, no sobre mucho y por supuesto tampoco falten fondos que obliguen a la aseguradora, tener que desembolsar de los "fondos operativos propios". Por supuesto que la "inteligencia matemática" intentará que suceda lo primero y en ningún caso lo último.-

El conocidísimo Chavo del 8, (de Gómez Bolaños Q.E.P.D), nos insinuó hace bastante tiempo, un ingenioso sistema de previsión social, plantando una semilla de chabacano que germinaba en un árbol de chabacanos, que producían miles de nuevos chabacanos, de los cuales brotaban miles y miles de chabacanos, que al replantarlos podían producir millones y millones de chabacanos. El proceso repetido, generaría una entrada fija para todas las generaciones que se dediquen a plantar, cosechar y replantar chabacanos.- Evidentemente que esto es un chiste, que en la simplicidad de un niño, no considera ningún proceso de detalles, en la cadena productiva. Pero si asociamos, en valores absolutos, esta sugerencia del popular personaje, a nuestro análisis de la previsión social, observamos con interés, que no incluye ninguna interrupción por término de vida laboral y la producción de chabacanos es más inherente a la continuidad del proceso natural en sí mismo, que a las cantidades producidas y los valores devengados. Es decir, si la fuente de sustento familiar no dependiera de la intervención directa del individuo, no sería necesario considerar ninguna interrupción laboral efectiva hasta la ausencia real de él (su muerte). En otras palabras, un buen objetivo de vida sería, establecer una actividad que, al final, no dependa de mi capacidad productiva propiamente tal, sino de la fuente laboral por sí misma. Una empresa familiar de administración independiente es un buen ejemplo de una actividad factible de sobrevivir al creador de la empresa. También la adquisición de bienes raíces que produzcan una renta suficiente para "vivir de las rentas" es la opción más común, entendiendo como común, en que la mayoría sabe o acepta que el vivir de las rentas es una excelente opción para cuando la capacidad física no permita generar más (nuevos) recursos y si no es un objetivo real, al menos es un buen sueño a cumplir. ¿Pero cuántas personas pueden desarrollar este tipo de "previsión social"? Desgraciadamente un porcentaje muy pequeño lo consigue. Los empresarios exitosos son una cantidad menor dentro de la cadena productiva tradicional. Los que consiguen bienes de larga vida, rentables al menos en más de una generación extra a la propia, quizás son más, pero de ninguna manera representativa del todo social. Lograr un trabajo que permita ahorrar en montos suficientes para que la vida improductiva no note el cambio de soporte, no es una tarea fácil en forma individual, menos aún si pretendemos ir a la raíz del término "jubilación", vivir la alegría, sin trabajar. Entonces la opción que resta es un sistema de pensión que obligue al ahorro, y libre al Estado, o mejor dicho a la sociedad, la carga de esta masa improductiva cuyo volumen crece en velocidad directamente proporcional al desarrollo de las técnicas para extender la vida. Es así como hasta nuestros días, más en los últimos tiempos, el estado ha estado preocupado de generar políticas, sistemas y reglamentaciones que incentiven (y obliguen) al ahorro, digamos forzar un "ahorro previsional".-

El método de negocios que analizamos en este libro, postula otro interesante método de previsión social: Los empresarios independientes de Omnilife – EO - distribuidores de los productos analizados, desde muy temprano y con bastante certeza, al final de la cadena de negocios, poseen un cheque quincenal de jubilación, con un valor directamente proporcional al trabajo desarrollado en los tiempos de actividad productiva, sin tiempos mínimos ni reglamentaciones límites, más el crecimiento natural de ese cheque producto del trabajo de todos los miembros de su "estructura" activa. Cuando el EO desea, voluntaria u obligatoriamente pasar a una vida pasiva, seguirá recibiendo su cheque quincenal en las mismas condiciones que el recibido en la etapa inmediatamente anterior a esa decisión de vida, solamente condicionada a la actividad de su red. Agregamos a este tópico fundamental, que esa remuneración es heredable y estará vigente, mientras exista la empresa y el heredero mantenga el consumo mínimo establecido desde el primer día de relación comercial entre Omnilife y el Distribuidor independiente. Es decir, el "salario" quincenal del EO, que es intrínsecamente variable, directamente proporcional a la constancia, perseverancia y cantidad de trabajo, etc., tiene la inigualable opción de seguir aumentando constantemente en cada quincena aún en la etapa pasiva. O sea, este movimiento, permanente y ascendente de la compensación quincenal, producto del trabajo individual y de grupo (red) puede continuar aún en el período de inactividad parcial primero y total después, basado en la continuidad de la producción de la red. Más aún, en caso de muerte del EO, el heredero directo o indirecto (a través del Co Distribuidor) continuará recibiendo los frutos de ese trabajo. Esta simple reglamentación de declarar heredable el cheque quincenal (pago de comisiones y diferencias de descuentos) hace que la compensación acordada en el contrato de franquicia pueda continuar siendo efectiva hasta después de la muerte del franquiciado, de su co distribuidor y después de su heredero, de su descendencia y así indefinidamente.

En otras palabras: cuando un empleado o un Empresario tradicional, "piensa en el futuro" acogiéndose a un Plan de Pensiones tradicional, aún modernizado, está visualizando su vejez y la protección de los suyos hasta "ese límite de vida". También, en el mejor de los casos podrá calcular, con cierta exactitud, lo que recibirá y hasta cuándo, podrá además saber cuánto recibirá su esposa, si lo sobrevive. Si desea, como ocurre normalmente, también proteger a sus hijos sobrevivientes, deberá pensar en algún otro sistema extra de ahorro o de inversiones para ellos porque ninguno del actual Sistema de Pensiones considera a los hijos mayores de 21 años como beneficiarios. Por otro lado, el EO puede, desde el primer día de su afiliación al sistema, pensar en la "construcción" de un cheque quincenal que utiliza a manera de remuneración, que seguirá siendo "remuneración" en sus tiempos de menor actividad, inactividad y más allá. Esto es un incentivo potentísimo para la vida de trabajo de un empresario Omnilife. No hablar de jubilación marca una diferencia importantísima entre el sistema Omnilife y los otros actuales sistemas de pensiones.

Este análisis global y comparativo del sistema actual de pensiones versus esta propuesta del mercadeo de redes modificado por esta simple reglamentación de heredad, puede estimarse más gráficamente en las curvas adjuntas. Se observa en el grafico #1, tres curvas de valores simulados (estimados) que "dibujan" un crecimiento más o menos común, hasta el momento de la jubilación del imponente, el que una vez alcanzado los 65 años de edad (caso general) y acogido a los actuales planes de pensión existente, implica una drástica disminución de sus percepciones mensuales, ésta disminuye aun mas (hasta el 60% en el mejor de los casos), cuando el sistema de pensión asume que sus herederos son solamente un complemento del asalariado que aportó durante toda su vida laboral para el momento de su retiro. El sistema se acaba, junto con la muerte de su sobreviviente legal o mayoría de edad de sus hijos en el caso que aplique.

Se agregan en ese gráfico#1, dos curvas, también simuladas de EO, con carreras de crecimiento diferente, con valores finales distintos, pero ambas muestran el deseable caso de que el esfuerzo de la vida activa, queda **proyectado** hasta después de su muerte. La calidad de "heredable" de su cheque quincenal por comisiones y diferencias de descuento, extiende indefinidamente la compensación por el esfuerzo hecho en 'aquella época" que lo construyó.

En el grafico #2, se dibujan dos curvas con valores muy cercanos a la realidad los que están proyectados hacia la envidiable situación de tener más entradas al final de la vida que al comienzo de la vida laboral. Además que, como se puede observar, la tendencia de la curva es a crecer de manera indefinida.

Este tipo de pensión, la del EO, se acerca muchísimo más al concepto etimológico de la palabra jubilación: ¡viva alegría!... y ¡cómo no?!

YR$ minimun salary
Annual $ Empleado
Annual $ Empleado
Annual $ EO
Annual $ EO
YR$ minimun salary
250000
200000
150000
100000
50000
0
1
6
11
16
21
26
31
36
41
46
51

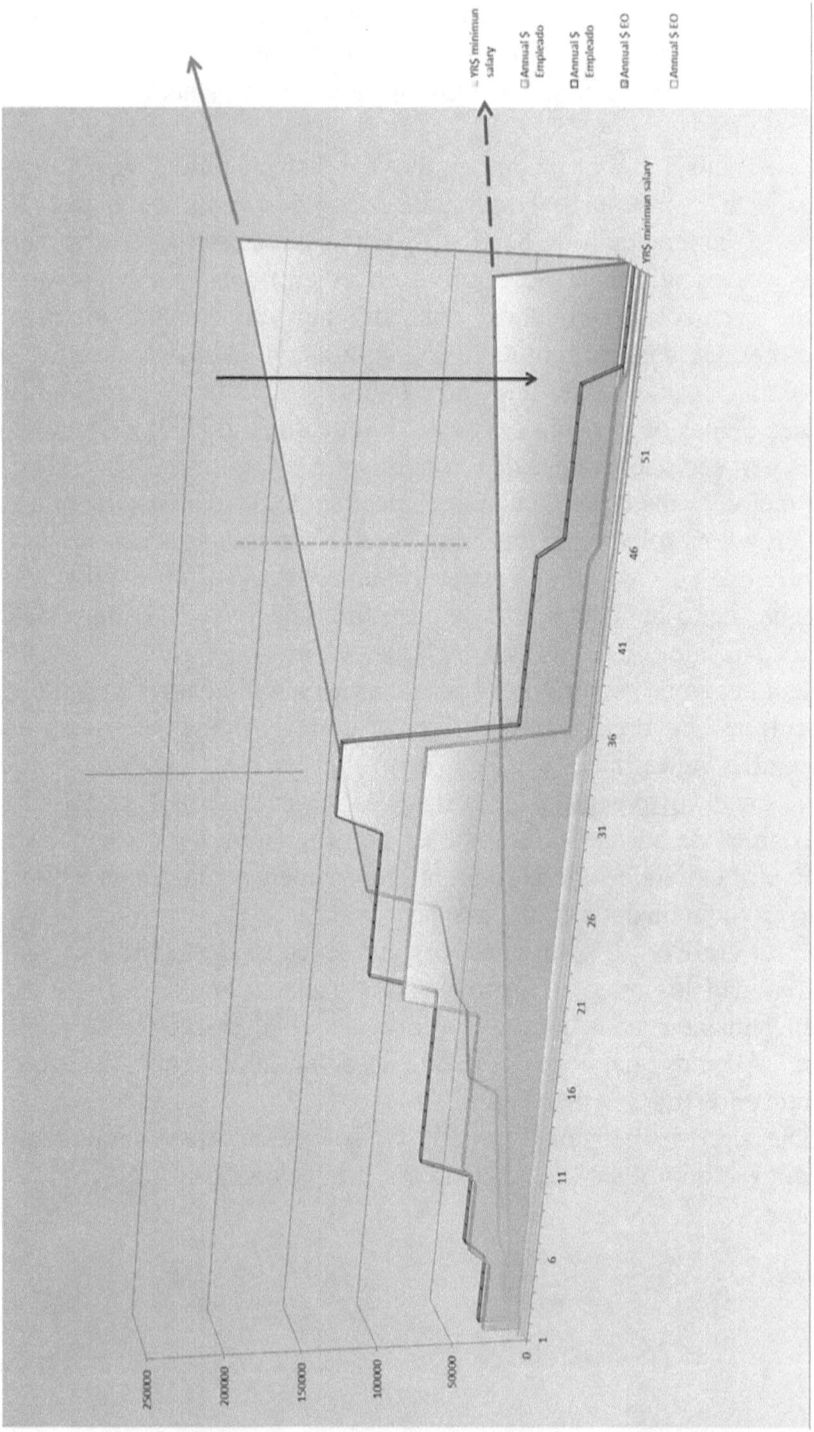

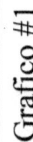

Grafico #1

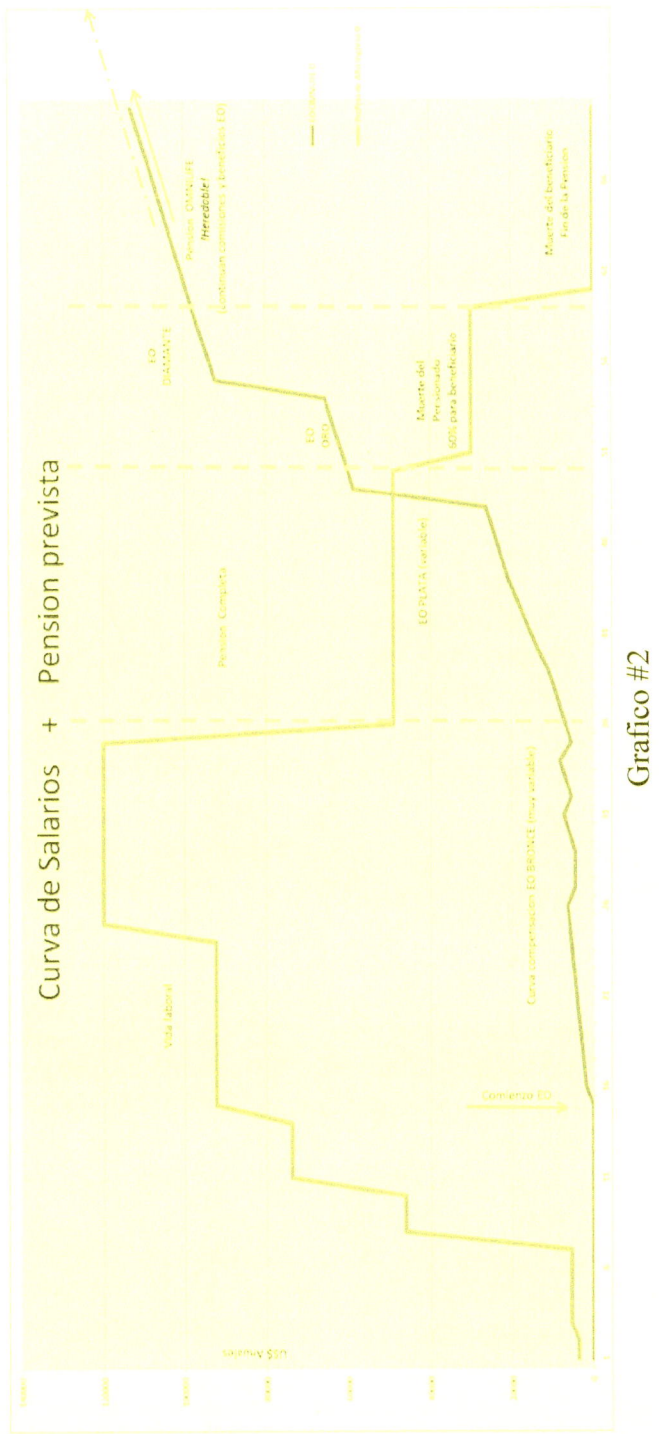

Grafico #2

9.- La Dinámica Productiva

El inmenso crecimiento del analizado Mercadeo en Redes – mucho más que una centena de millones de dólares por año - se basa entonces, en un ingenioso sistema de ventas de un producto o servicio, donde los ahorros de la instalación de infraestructura de distribución, esquemas de contratación de empleados y el consecuente costo de entrenamiento y adquisición de experiencia, en una curva de aprendizaje variable de acuerdo con el rubro, quedan a libre disposición de la reinversión y de la producción propiamente tal. Esto puede producir un mayor crecimiento de la empresa y permite la repartición de comisiones más altas y ganancias más sustanciosas para los distribuidores o red de vendedores, con los cuáles no se adquiere ninguna relación laboral, ni contractual, con todas las ventajas y salvedades administrativas, burocráticas y legales. Por su parte, los vendedores independientes, no adquieren compromisos de exclusividad, ni de horarios, ni de métodos, ni de reglamentaciones laborales limitantes; esto genera, con una inversión mínima y poca o ninguna preparación profesional específica, una cierta independencia empresarial que por los métodos tradicionales no sería factible. También, algunas de las tantas empresas dedicadas al Mercadeo en Redes, invierten algún esfuerzo y dinero en orientar al distribuidor en los pormenores del multinivel, la necesidad de la preparación técnica y otros factores propios de las ventas, como la autoconfianza, la actitud, la presencia, la perseverancia, etc. Más aún, algunos empresarios del multinivel, entienden que la instrucción formativa del distribuidor es parte muy importante en el éxito del negocio propiamente tal y complementan la preparación netamente técnica profesional con cursos y escuelas de desarrollo personal.

Pero, ¿qué hace que una empresa del multinivel, sea más o menos exitosa comparada con otras del mismo sistema y rubro parecido?- Como estuvo planteado en el capítulo primero, definitivamente, la diferencia la hace el producto a distribuir.- "Un buen producto, se vende solo", es la afirmación conocida al respecto. La satisfacción del cliente comienza evidentemente por la calidad del artículo ofertado, pero es obvio que ningún producto se puede vender así mismo, necesita de alguien o algo que catalice la venta, este es el agente vendedor, facilitador, presentador. También, una campaña multimedia, una propaganda, un afiche, tríptico, una preventa organizada, etc.

etc. Consecuentemente, las diferentes formas y modos de éste último influirán en el nivel de éxito del proceso de venta. Otro factor muy incidente en el éxito del proceso es la oportunidad de la presentación, entendiendo por oportunidad, el lugar y momento en que se muestra el producto. No tendrá la misma dificultad la venta de un refrigerador en un campo de hielo, que la venta de un refresco muy frío en el medio de una tarde de máximo calor. De la misma manera, la venta de elementos suntuarios (no imprescindibles) será más difícil distribuirlos entre consumidores de niveles D, E o menores que en sectores de alto consumo en épocas tradicionales de fiestas o celebraciones grupales.

Cualquier "Manual del Vendedor Moderno" trata en profundidad cada uno de los factores anotados anteriormente y por supuesto muchos otros elementos útiles en la "profesión" de vendedores, como la "Psicología de las Ventas", "Los nichos de Mercado", "El Multimedia en las Ventas del Mundo Globalizado", "La influencia del clima en la venta de Paraguas", "La revisión de los dientes en la venta de caballos", "La Vocalización del Buen Presentador", "La Influencia de la Opinión Pública en la venta de corbatas" o "El Plástico Biodegradable como Opción en la Dieta Macrobiótica. Pero, en el análisis que presentamos, el equilibrio entre calidad del producto versus el tipo de distribuidor es el que marcará la diferencia y el mayor o menor suceso de la empresa que eligió el Mercadeo en redes como método de ventas.

Sería largo de analizar y posiblemente impreciso, cuál es el factor que más influyó en el crecimiento de las ventas de cada una de las decenas de empresas del multinivel, es más, algunas de ellas tuvieron épocas de máximo esplendor y por "algún" factor que no es tema de este análisis, cayeron, cedieron su liderazgo y en muchos de los casos fracasaron y quebraron, sólo algunas de fácil identificación, se han mantenido en el mercado y quizás solamente sabremos que aplicaron las formas y razones estructurales de este ingeniosísimo sistema de ventas.

Ahora bien, sin particularizar, podrían anotarse, entre muchos, algunos factores que han interferido el crecimiento continuo en ventas y número de distribuidores de alguna de ellas. Por ejemplo, un excelente detergente exclusivo para lavadoras automáticas, con un rendimiento fantástico por porción, puede venderse, primero, solamente en aquel público que utiliza este tipo de electrodoméstico, seguidamente, debido a su propia eficiencia y calidad, no tendrá el mismo comprador en mucho tiempo, deberá por lo tanto esforzarse en la búsqueda de consumidores, con la natural tendencia a saturar el mercado de ese producto, en un tiempo relativamente corto. Una de las pioneras del mercadeo en redes, ha necesitado una diversidad enorme de productos suntuarios y no perecederos para mantener su nivel de ventas y aun así su curva de crecimiento tiene una pendiente cada vez menos fuerte. Un fabricante de un producto, como el ejemplo anterior, puede suplir la calidad de elemento de mercado fácilmente saturable del producto, con un abanico muy grande de opciones de productos además de un sobre esfuerzo del distribuidor consecuente con un excelente sistema de compensación, con altas comisiones y/o bonificaciones. Este otro elemento influyente, deberá equilibrar el costo final del producto, considerando el precio real más los necesarios agregados de compensación al distribuidor. Si el equilibrio es rentable y sustentable el producto permanecerá en el mercado y la empresa podría crecer. Esta situación continuará hasta que el distribuidor se sepa insuficientemente bien compensado comparativamente con otros productos de la misma empresa o definitivamente con otra empresa del rubro.

En este rápido análisis concluimos que la calidad del producto es parte del equilibrio, pero la balanza mantendrá su fiel solamente si los otros factores complementarios hacen el contrapeso.

Ahora bien, en la diversidad de caracteres de los diferentes distribuidores no elegidos en ningún proceso de reclutamiento, aparece la preparación o capacitación, como un elemento influyente en la nivelación del equilibrio planteado antes. La necesidad de los procesos compensatorios como la capacitación por ejemplo, es directamente proporcional al tamaño del desbalance entre calidad del producto y el distribuidor. El tamaño del desequilibrio - la necesidad de la capacitación – podría, en este caso, ser el elemento decisorio para mantener o no el producto en el mercado. Pero pudiese ser que la compensación, por ejemplo, indujera a que sea el distribuidor y no la empresa el que invierta en capacitación, o quizás la nivelación que se busca aparezca por el lado del esfuerzo, dedicación y constancia del distribuidor.

En otras palabras, pareciera ser que el planteamiento del necesario equilibrio está en la calidad del producto primero y el establecimiento de herramientas que busquen desarrollar a la persona que realiza el multinivel y no al multinivel mismo. La búsqueda del mejor método de incentivos, los montos a distribuir en comisiones, la relación entre incrementos y premios, el estilo de la premiación, etc. marcan las diferencias en el balance producto - sistema. Cada uno de los métodos explicados anteriormente, buscan unos más que otros, el desarrollo de una dinámica productiva y distributiva equilibrada que obtenga consignatarios satisfechos y empresarios franquiciados exitosos.-

PARTE III

EL FENOMENO SOCIAL

10.- El Multidesarrollo®

Hasta aquí, hemos revisado, algunas características generales del multinivel propiamente tal. Todas o casi todas las empresas del Mercadeo en Redes, tiene estos conceptos por supuesto que muy claros y actúan o intentan influir en los factores incidentes con tecnologías modernas y estudios profundos que hacen de este sistema, a pesar de su más de medio siglo de vigencia, un método moderno y todavía con amplias expectativas de desarrollo. Es más, varias de ellas, como las líderes mencionadas antes, han llegado, por su propio desarrollo, a ser caracterizadas como verdaderos Fenómenos Económicos, apareciendo en las listas de empresas que miden sus volúmenes de ventas en números de 10 cifras (miles de millones) en dólares.-

Omnilife de México S.A de C.V. está entre esas empresas consideradas un fenómeno económico, por alcanzar desde hace varios años, ventas en los valores mencionados, a través de sus millones de distribuidores en más de 20 países. Más aún, en mayo del 2010, aparece Omnilife de México S.A de C. V. en el primer lugar, a nivel global, de las empresas de multiniveles en el rubro de suplementos alimenticios.- Como se mencionó en el prólogo, Jorge Vergara, su fundador, estableció desde sus cimientos, diferencias en los detalles del multinivel, basadas en su "instinto natural para las ventas" (*5): agregó un toque experto de sensibilidad social conquistando la participación de distribuidores de diferentes estilos y status, muchos de los cuales, pasaron rápidamente de distribuidores formales a seguidores incondicionales. A su liderazgo casi mesiánico, sumó su carácter gerencial paternalista, bien entendido, pero principalmente, incorporó como prioritarios, ingredientes formacionales estructuralmente básicos, como Actitud, Honestidad, Constancia y Trabajo.

Finalmente, a esta sumatoria de elementos derivados desde el multinivel, la patentó con el nombre de Multidesarrollo®, concepto que va más hacia el sentido del desarrollo integral de la persona y del negocio, como un conjunto relativo al estilo de vivir, que hacia la idea de muchos flancos de desenvolvimiento como podría pensarse desde la etimología de la palabra, que tiene que ver más con los avances y el progreso comunitario, o con la búsqueda de las mejoras colectivas. Un producto de la calidad descrita en la Parte I, necesita un distribuidor diferente, expuesto a conceptos más emocionales que técnicos, con los cuales pueda lograr realmente un desarrollo integral de su personalidad, de su accionar y de todo su entorno. Conseguir un verdadero cambio de vida, al tiempo que se logran digerir diferencias importantes en conceptos tradicionales como compartir en vez de vender; practicar hasta entender, que "el dinero no es la meta sino el medio para alcanzarlas"; hacer de la honestidad un herramienta de trabajo, predicando incansablemente, que "al que obra mal se le pudre el tamal"; o en la búsqueda del crecimiento de las redes, no caer en la tentación de convertir "un buen consumidor en un mal distribuidor"; descubrir con sorpresa, que la carencia de educación tradicional se puede contrarrestar con actitudes de increíbles resultados, como la constancia y la perseverancia, poniendo así en entredicho (peligrosamente a mi juicio) la tradicional búsqueda de una formación universitaria, como única arma para conseguir logros de desarrollo personal y económico.

11.- El Concepto de Dar

Además del concepto de Multidesarrollo establecido por Vergara, desde el principio definió un elemento diferenciador de la empresa tradicional de ventas, haciendo del slogan "GENTE QUE CUIDA A LA GENTE" una actitud de cada miembro del sistema y no una frase de mercadotecnia, propiamente tal.- *"Consigan resultados, no persigan el dinero" "Dedícate a ayudar, al que se deje, al que quiera, al que tenga la voluntad"*, son algunas de las enseñanzas básicas y reiteradas del líder.- Los distribuidores que han alcanzado metas importantes dentro de la estructura Omnilife, concuerdan que junto a la actitud, la honestidad, la constancia y el trabajo, el secreto del fenómeno que analizamos, está en la aplicación real del eslogan. Cuidar que "la gente" tome verdaderamente el producto como está recomendado hasta que tenga reales resultados de salud, es un elemento básico en el seguimiento que hace el distribuidor, no con la idea elemental de que siga "comprando", sino con la confesada intención de que se una a la voz del buen resultado que produce el o los productos utilizados. De la misma manera, aquel nuevo empresario que ingresó con el solo objetivo de trabajar, debe ser "cuidado" en la etapa que comienza a sumergirse en un mundo diferente, con una filosofía de trabajo no tradicional, con una nueva realidad de relacionamiento con su empleo. Sin jefes, sin horarios, sin sistemas y formatos definidos por escrito, sin rutinas establecidas, etc., es fácil sentirse desorientado; pues bien, el patrocinador deberá, no en el sentido mandatorio de la expresión, guiar al nuevo eslabón de esta cadena de oportunidades que genera el sistema del Multidesarrollo, hasta que obtenga resultados económicos o básicamente sienta que puede desenvolverse por sí solo como distribuidor independiente, su real definición laboral. Al mismo tiempo, la metodología de compartir resultados y testimonios, se extiende a todos los ámbitos posibles en el seguimiento cercano y meticuloso del accionar del cliente consumidor; desde sus hábitos alimenticios, primera causa de las enfermedades, hasta incluso asuntos personales y privados, lo que la mayoría de las veces, desemboca en amistades muy duraderas, diferente a la relación tradicional vendedor - cliente.

Sabemos también, que la acción de dar tiene que ver muchas veces con la obtención de felicidad, aun deslindando el concepto espiritual de la acción, la capacidad de poder aportar sin esperar retribución inmediata, genera por sí misma un estado de satisfacción, sobre todo en aquellos que comienzan recién a alcanzar la disponibilidad de medios para generar soluciones de salud o de trabajo y consecuentemente bienestar a terceras personas. La multiplicación geométrica del método, a través de lo explicado antes, permite alcanzar estadios de satisfacción espiritual muy importantes en número y en durabilidad. Esto es algo muy parecido a la definición real de la felicidad.

De hecho, en su Receta para la Felicidad, (*) el conocido médico, filósofo, escritor y conferencista, Deepak Chopra después de afirmar que "la felicidad es la meta de todas las metas", agrega, "la mayoría cree que la felicidad es el resultado del éxito, la acumulación de riquezas, la salud o las buenas relaciones interpersonales, pero en realidad esas son sus consecuencias, no su causa". En otras palabras, cometiendo la osadía de explicar a tan prolifero escritor, el éxito en su definición tradicional, no siempre generará felicidad, en el sentido contrario, una persona feliz si tiene al alcance de su mano, la opción de ser inmensamente exitosa, aun los diferentes matices en que se dibuje el éxito propiamente tal. De la misma manera, una persona sana, no necesariamente será feliz, pero a una persona feliz, los avatares de la salud, no le debiera afectar. También comprobamos con frecuencia que es más común, encontrar personas plenamente felices dedicando su vida a dar lo que tienen o están generando, así sea algo material o no, idea aparte de conceptos religiosos o apostólicos los que podrían ser a su vez utilizados para explicar el concepto de dar.

A raíz de lo anterior, podríamos concluir que esta singular mezcla de ingredientes, enunciada desde el prólogo, de un excelente producto, un probado modelo de negocios, más una "sazón gerencial muy a la mexicana", genera un trabajo con actitudes tan positivas, que desembocan en increíbles resultados de felicidad y bienestar.

12.- La Abundancia

Otro texto del ya citado conferencista – Deepak Chopra – desarrolla en profundidad el "Camino de la Abundancia" (*). La define como una "experiencia en la que nuestras necesidades se satisfacen con facilidad y nuestros deseos se cumplen espontáneamente. Sentimos alegría, salud, felicidad y vitalidad en cada momento de nuestra existencia. La abundancia es realidad y debemos penetrar la naturaleza de la realidad". En el análisis simplificado de esta última afirmación sociológica vemos que, por ejemplo, la abundancia de salud, que pudiera ser complicada de entender para un mortal común, como nuestros "personajes Omnilife" descritos, comienza a experimentarse, para usar el mismo concepto de la definición de abundancia, de una manera intrínseca en el desarrollo de la actividad de usar y compartir el producto. El EO, es, más bien dicho debiera ser, la primera imagen de los resultados de la utilización del producto que distribuye. La consecuente abundancia de vitalidad requerida por la definición, se puede percibir fácilmente en el distribuidor comprometido con la metodología descrita, que transmite a su red las bondades del sistema a través de vivencias personales y/o testimonios motivadores generados por los éxitos del programa en salud y dinero. El agregado intuitivo del concepto de dar revisado antes, producirá además, el más importante de los conceptos planteados por el laureado conferencista: la abundancia de felicidad, frase que en el juego gramatical se convierte en felicidad obtenida a través de la abundancia.

13.- El Fenómeno Social

Estamos descubriendo, al final de este análisis, que así como los productos obtienen su altísima eficiencia a través de una natural sinergia entre sus diferentes y variados nutrientes, en las cantidades adecuadas, también la sinergia de abundancia, salud, y felicidad conducen al objetivo que presentamos como alma central de este trabajo: el fenómeno social del Multidesarrollo®.

Hemos revisado los conceptos enunciados en el prólogo: un producto de primera calidad distribuido a través de un eficientísimo sistema de negocios, al que se le agregó una cuota importantísima y principal de actitud, honestidad y trabajo:: el Multidesarrollo. En la aplicación del exitoso sistema y sus agregados, aparecen entonces, algunos resultados fácilmente definidos como **extraordinarios y sorprendentes**, y estos sucesos afectan al descrito "sui generis" grupo de ventas "auto – gerenciado" clasificados de antemano como pertenecientes a grupos C3, D, E y menores, que dicho sea de paso, son el grupo mayoritario de la sociedad; en otras palabras, estamos en presencia de un verdadero y palpable ¡Fenómeno Social!

Un individuo, que no tuvo oportunidad de preparación profesional, sin capital para negocio individual, sin formación específica aplicada, puede crecer económicamente, en un ambiente de familiarización con conceptos complicados como Abundancia, Salud Total, Extensión de la Vida, Felicidad. Esto es un ¡Fenómeno Social!

Una arista socialmente importante es aquella en la que se enseña al EO a fijar y alcanzar metas cercanas y abordables, como números de ventas por ejemplo que parecieron inicialmente difíciles de conseguir, por personas sin ninguna preparación básica; propósitos alcanzados de seguimiento con clientes desinformados; también metas de mediano alcance como clasificaciones a bonos y viajes; pero finalmente (al mismo tiempo), el Multidesarrollo enseña a pensar en metas inimaginables, definitivamente sueños, como viajes internacionales de lujo para quienes nunca viajaron, soluciones definitivas de salud para enfermos fármaco dependientes de la medicina tradicional; consolidación económica permanente después de carencias absolutas, aprender que el concepto esperanza es un sustantivo convertible en realidad si se trabaja con esmero y constancia. Si todos estos ejemplos se manifiestan en individuos que nunca supieron que existían los sueños, que luego aprendieron a soñar y enseguida trabajaron hasta alcanzar algunas de estas metas soñadas, estamos en presencia de un ¡Fenómeno Social!

La increíble heterogeneidad del ejército de distribuidores independientes, que conforman el descrito Empresario Omnilife, que tienen metas comunes y particulares y que trabajan en conceptos similares, pero con sueños independientes e individuales, generan en su conjunto un fantástico y envidiable ¡Fenómeno Social!

Cuando la búsqueda de esos sueños y el cambio de vida real, puede contagiar al mismo tiempo, a ¡45 mil personas! que repletan el Estadio Nacional de Lima (8 de octubre 2008) estamos en presencia de un ¡Fenómeno Social!

Cuando el compartir cada testimonio de salud o de dinero, se consigue repetir geométricamente de persona a persona, de ciudad en ciudad, de país en país y esto permite que ese testimonio inicial, alcance y favorezca a ¡5 millones de personas! evidentemente estamos en presencia de un fenómeno social

Es muy probable que un estudio sociológico profesional del asunto, consiga explicar más técnicamente el efecto contagiante de este fenómeno social que es el Multidesarrollo®, pero queda establecido, por lo menos para el autor de este trabajo, que este resultado extraordinario y sorprendente, es una realidad que pudiere ser extrapolada hasta niveles difíciles de prever en el momento.

Quizás ocurra algo como…

EPILOGO

EL CAMBIO MAYOR

10.- El concepto de Masa Crítica

Quizás ocurra algo como el "cambio mayor" que planteó el creador del Multidesarrollo®, desde mucho antes de que ocurriera el fenómeno social que se desarrolló en este trabajo. Jorge cree fehacientemente en este cambio mayor. Así lo transmite a su gente, cada vez con más frecuencia: *"lo más importante está todavía por venir"* dijo hace poco días, en uno de sus eventos principales, delante de unos 16 mil seguidores, en Guadalajara Jalisco. ¿Qué tan mayor puede ser el cambio, que ya vemos en miles y miles de clientes satisfechos y empresarios independientes exitosos hasta merecer el concepto de fenómeno social? ¡Puede ser mucho mayor!

Veamos el concepto de la física que se aplica con alguna frecuencia a la sociología: la masa crítica. "En física se entiende por masa crítica a la cantidad mínima de material necesaria para que se mantenga una reacción nuclear en cadena". Pero ese material debe ser una sustancia fisible con propiedades físicas especiales, muy en particular su densidad, su pureza, también su geometría (de los átomos), etc. es decir, cualquier material nuclear no produce una reacción en cadena controlable, es por eso que para estos fines se utiliza generalmente uranio, plutonio y otros de este selecto grupo de elementos de alta densidad nuclear. La reacción nuclear en cadena que genera la obtención de una masa crítica no se refiere directamente a la multiplicación del número de elementos (cantidad) que produzca un reflector de neutrones por ejemplo ni a la energía resultante del choque de electrones que pudiere generar esa cierta cantidad, masa, sino al equilibrio dinámico de esa reacción de fisión permanente y controlada. En otras palabras, la masa molecular se puede poner en movimiento con cierta facilidad, el asunto está en alcanzar los niveles críticos de estabilidad y movimiento retroalimentado por la misma energía liberada por esa masa de alta densidad, ese equilibrio es masa crítica.

Por analogía, el concepto de masa crítica se puede aplicar, de hecho ocurre, en algunos fenómenos sociológicos, de actuación del individuo como masa. Ortega y Gasset definía los diferentes accionamientos de las personas solas y en grupo(*9) y agrego que es factible producir cambios importantes en la sociedad actuando (y pensando) en masa (juntos). Algunos sociólogos ya definieron la aplicación del concepto masa crítica en sociología y suele referirse al valor límite en la cantidad de personas necesarias para activar un fenómeno o provocar un salto evolutivo sin cambiar su concepto original de actuación.

Un ejemplo que comúnmente se muestra en este tema es el increíble y eficiente resultado que ha tenido en China la costumbre de ciclistas (miles) que para atravesar los cruces sin semáforos, se van acumulando en la esquina, hasta que la cantidad (critica) les permita cruzar sin riesgos. Desde este ejemplo se nomina masa crítica a ciertas celebraciones o actuaciones ciclísticas de grupo en festividades, hasta incluso reuniones reivindicativas.

En el mismo sentido análogo, el sistema del multiniveles (Parte II) puede alcanzar su masa crítica cuando la profundidad de la estructura alimenta por si misma la red, de manera que estimula permanentemente el crecimiento paralelo de otras estructuras en forma directa o indirecta (ósmosis social), las que a su vez estimulan el crecimiento en profundidad para ir más en profundidad. Este círculo de retroalimentación osmótica, no se afectará cada vez que un eslabón de la cadena deje de actuar permanente o temporariamente como elemento integrante de la red, obstruyendo consciente o inconscientemente la continuidad de la estructura. Al igual que en el análisis físico nuclear, este efecto de masa crítica se alcanzará verdaderamente cuando la estructura, sea lo suficientemente profunda y robusta, no solamente en número (volumen) sino también en los conceptos que genera el Multidesarrollo®.

EL CAMBIO MAYOR!

Que podría pasar si las redes de distribución de los productos Omnilife, alcanzan la definida masa crítica?

No es muy difícil imaginar estructuras de decenas de millones si los actuales 5 millones de distribuidores independientes, se multiplican ininterrumpidamente en el movimiento resultante de una masa crítica auto alimentada por la propia definición y el efecto de osmosis social descrito. De hecho, actualmente existe un distribuidor diamante que cuenta en su estructura un número cercano a los 50 mil miembros, los que lo siguen constantemente vía internet o personalmente en sus variadas presentaciones internacionales. Una extrapolación aritmética sencilla explica el número actual de elementos de la cadena intentando "moverse" hasta la comodidad auto sustentada por la masa crítica. De esta manera la actual cantidad de distribuidores podría fácilmente alcanzar valores 10 o 100 veces los actuales.

Pero, al final de este libro, el concluyente Cambio Mayor, no tendría un valor impactante en nuestra sociedad actual, si el resultado de crecimiento por alcance de la masa crítica fuese solamente un número extraordinario de elementos o la cantidad de EO se escriba en números de más de 6 cifras. Sería, por supuesto, muy interesante alcanzar millones de soluciones en salud y de trabajo, varias veces multiplicadas las hasta ahora obtenidas, al punto de calificar como fenómeno social. Pero el real cambio se hará sociológicamente mucho más importante y verdaderamente extraordinario, si la osmosis social auto generadora de una vorágine de conceptos diferentes como los descritos en los epígrafes 7.0 a 7.14 de la Parte II.

"Conocer el mundo teniendo el cielo como techo y el mundo como espacio de crecimiento" es presentación de la empresa a manera de definir una de sus muchas características diferentes. De esa manera, al día de hoy, existen muchos iniciales soñadores, ahora empresarios, que quisieron experimentar ese espacio de crecimiento sin techo. Libres en horarios de vida de trabajo, independientes en la determinación de su accionar diario, con salud rebosante y con esperanzas claras y muy bien fundamentadas para una vida más larga, placentera y feliz. Ahora bien, situemos a estos elementos como miembros "atómicos" de una masa mayor, que alcanza en

algún momento, la descrita masa crítica resultante de ese círculo de retroalimentación osmótica definido antes.-

¿Entonces, que tenemos?-

Una cantidad indefinida y extraordinariamente grande de personas "con esperanzas claras y muy bien fundamentadas para una vida más larga, placentera y feliz" que seguirán permanentemente influyendo en otros para construir una interminable cadena de salud, trabajo y bienestar espiritual y consecuentemente económico.

En ese momento, el 'plan" de Jorge Vergara para que hubiese en cada casa mexicana al menos un producto Omnilife, queda definitivamente sobrepasado y el Fenómeno Social del Multidesarrollo® ha producido en nuestra sociedad ávida de soluciones reales, un verdadero y soñado Cambio Mayor.

F I N

GLOSARIO Y BIBLIOGRAFIA

(*1) Miscelización Es un proceso mecánico que crea partículas microscópicas de aceite o nutrientes liposolubles como por ejemplo la vitaminas A, E, y D, Beta caroteno y lecitina. Con este proceso, dichos nutrientes se vuelven solubles en agua, lo cual incrementa altamente su absorción en el cuerpo así como un incremento en los niveles de plasma en la sangre.

Biodisponibilidad; Medida del grado al cual una dosis de una sustancia se hace fisiológicamente disponible a los tejidos del organismo, dependiendo de los índices de absorción, distribución, metabolismo y excreción.

Rodríguez Milord D, Castillo P del, Aguilar Garduño C.Glosario de términos en salud ambiental.Mepetec: Centro Panamericano de Ecología Humana y Salud (ECO): 1995. (ECO)

Biodisponibilidad; Proporción de la dosis que una sustancia absorbida por cualquier vía alcanza en la circulación sistémica.

Asociación Española de Toxicología. Glosario de términos toxicológicos. Versión española ampliada por M. Repetto y P. Sanz. Sevilla: AET; 1995. (AET)

ÓSMOSIS. (Del gr. ὠσμός, acción de empujar, impulso, y -sis)

1. **f. Fís. Paso de disolvente pero no de soluto entre dos disoluciones de distinta concentración separadas por una membrana semipermeable.**
2. **f. Mutua influencia entre dos personas o grupos de personas, sobre todo en el campo de las ideas.**

SINERGIA. (Del gr. συνεργία, cooperación).

1. **f. Acción de dos o más causas cuyo efecto es superior a la suma de los efectos individuales.**
2. **f. Biol. Concurso activo y concertado de varios órganos para realizar una función.**

FENÓMENO: Cosa extraordinaria y sorprendente.

SOCIAL; Perteneciente o relativo a la sociedad

DRAE Diccionario de la lengua española

Versión electrónica de la 22ª Edición

(*2) How Live longer and Feel Better-

Linus Pauling (1901-1994) Edit. W.H.Freedman New York 1986

Como Sentirse Mejor y Vivir Mucho Más Tiempo

Editorial Planeta, Barcelona, 1987

(*3) Life Extension: A Practical Scientific Approach
by Durk Pearson & Sandy Shaw
La Extensión de la Vida: Una Práctica de los Adelantos Científicos
de Durk Pearson & Sandy Shaw

(*4) Chapter 4- Aging Isn't Beautiful.
Capítulo 4 Envejecer no es hermoso
del Libro sobre la Extensión de la Vida

(*5).- "Jorge, la historia de un hombre y su empresa"
Laia Jufresa (Ciudad de México, 1983)
Lid Editorial, 1ra Edicion el 2008.

(*6) Chapter 6- Vitamin E.
Capítulo 6 Vitamina E, el Lipido Antioxidante

del Libro sobre la Extensión de la Vida

(*7) Chapter 7- Vitamin C
Capítulo 7 La Vitamina C
del Libro sobre la Extensión de la Vida

(*8) Chapter 8- Vitamin A
Capítulo8 La Vitamina A
del Libro sobre la Extensión de la Vida

(*9) La rebelión de las Masas (1930)
Jose Ortega y Gasset (1883-1955)

Schachter, Goldman, Zukerman, el "Treatment of Oligospermia with the Amino Acid Arginine" The Journal of Urology 110:311 (1973)

Cancer and Vitamin C: A Discussion of the Nature, Causes, Prevention, and Treatment of Cancer With Special Reference to the Value of Vitamin C, Updated and Expanded Paperback – March 15, 1993

Ewan Cameron (Author), Linus Pauling (Author

APENDICE FINAL

En la Parte I, cuando se describe, el producto, razón básica del fenómeno analizado, se lo define como nutrientes, vitaminas, minerales y aminoácidos en diferentes proporciones que en su accionar sinérgico producen los resultados descritos que desembocan, según el autor, en un Fenómeno Social. Al revisar el resumen de las materias expuestas en los apéndices, se puede fácilmente deducir de estos, la causa primera de la expresada calidad del producto que exitosamente distribuye Omnilife a través de estos encantados Empresarios Independientes. EO.-

Como está dicho en las aclaraciones iniciales –Disclaimer – el autor, no es un profesional especialista en los temas de la nutrición y la bioquímica, pero ha estado involucrado, durante más de 20 años, en los detalles técnicos de las materias mencionadas en este libro sobre este particular análisis del comportamiento humano. Su acercamiento inicial, comienza por la traducción al español, para uso personal, de la mayoría de los capítulos del Libro sobre la Extensión de la Vida de Durk Pearson y Sandy Shaw - LIFE EXTENSION: A PRACTICAL SCIENTIFIC APPROACH - y la puesta en práctica de los consejos del Doctor Linus Pauling de su libro sobre Como Vivir Más Tiempo y Mejor. – HOW TO LIVE LONGER AND FEEL BETTER. Agregados a una lectura voraz de todos los papers y publicaciones relacionadas al tema, a los autores y a varios de sus coautores. Los cuales aún continúan publicando sus investigaciones en libros y revistas especializadas.

Inicialmente, estuvo en los planes del autor agregar, a manera de apéndice, los materiales mencionados con la intención de compartir con los lectores el mismo origen de su afición por el tema que ha desembocado en el trabajo adjunto sobre este verdadero fenómeno social que es el Multidesarrollo®. Pero por razones editoriales y de derecho de autor, no es posible agregar aquí esa brillante información científica.

De todas maneras se adjunta a continuación un extracto de algunos temas, intentado dentro de los límites permitidos, una visión de ellos, con la confesada intención de motivar a los lectores de este trabajo a buscar estos libros, aun fácilmente disponibles en el mercado, a estudiarlos y entender entonces las razones porque un producto a fin con estas investigaciones ha sido la base de semejante fenómeno económico y social.

1.- Acerca de la Vitamina E

Sobre la Vitamina E, los autores Pearson and Shaw escribieron en el Capítulo 6, del best seller mencionado sobre la Extensión de la Vida LIFE EXTENSION: A PRACTICAL SCIENTIFIC APPROACH - un brillante estudio sobre este "lípido antioxidante". Ellos dicen que "No es fácil de resumir en un párrafo las propiedades y usos de esta sustancia notable."

Y agregan que la Vitamina E es el lípido (grasa) antioxidante soluble, más importante del cuerpo. Protege las grasas de nuestro cuerpo de los efectos perjudiciales de la oxidación desenfrenada y los radicales libres. Estas oxidaciones desenfrenadas pueden causar el cáncer, pueden inducir coágulos de sangre anormales que producen infartos o ataques cardíacos, y pueden dañar en nuestras células, el ADN que controla el crecimiento, el desarrollo y el envejecimiento programado. Grandes dosis de vitamina E, han demostrado aumentar la resistencia al cáncer, a las infecciones bacterianas y virales, infartos, artritis, ataques cardíacos e incluso al smog.-

Explican que: todos los animales (salvo algunos anaeróbicos) metabolizan oxígeno para obtener la energía. Las plantas obtienen su energía del sol por medio de la fotosíntesis, pero todo esto también involucra las reacciones de la oxidación. ... El proceso de oxidación de los lípidos (grasa o aceite) en las plantas y en los animales, resulta en la generación de radicales libres, peligrosos átomos químicamente reactivos o sencillamente, moléculas con un electrón impar.

También mencionan que la vitamina E es anti-trómbica (previene la formación anormal de coágulos de sangre) y anti-proteolítica (hidrólisis de las proteínas que las protege de la destrucción enzimática) Mas adelante mencionan que la vitamina E ayuda al cuerpo en la fabricación de prostaciclina, también llamada PGI2.... La vitamina E es un efectivo protector contra la toxicidad del ozono.

Por otro lado, agregan que se ha reportado recientemente que la vitamina E (como acetato de vitamina E) ejerció un importante efecto estimulante en el sistema inmunológico de algunos animales estudiados:

Notas del autor:
1. a.- La acción de los radicales libres es actualmente una de las causas, científicamente probadas, del envejecimiento humano.-
1. b.- La utilización intensa de Prostaciclina, obtenida en la práctica desde la cera de la caña de azúcar, es el único método más menos exitoso, utilizado en el control de la hipertensión pulmonar (proceso irreversible del sistema circulatorio secundario). El Profesor Sir John Vane (1927-2004) obtuvo en 1982 el Premio Nobel en Fisiología por el descubrimiento de la acción del PGI2 en la hipertensión pulmonar.
1. c.- La acción del ozono es demostradamente la primera causa del cáncer a la piel. En países como USA, Australia y Chile, la incidencia del cáncer a la piel se ha quintuplicado en la última década.
2.- Acerca de la Vitamina C
Sobre la vitamina C, los autores Pearson and Shaw en el Capítulo 7, del best seller mencionado sobre la Extensión de la Vida LIFE EXTENSION: A PRACTICAL SCIENTIFIC APPROACH - hacen una impactante presentación sobre esta droga milagrosa de la cual aclaran con vehemencia que la vitamina C tiene muchos más usos que la prevención del escorbuto, aunque muchos doctores todavía creen que ese es solamente su uso.

Nos explican que, todos los animales requieren de vitamina C para sobrevivir.- Ésta es necesaria para proteger el cerebro y la espina dorsal de los radicales libres, para la síntesis de los colágenos (tejidos conectivos), en el metabolismo de las grasas (lípidos) y los carbohidratos, en la construcción de los neurotransmisores y para el correcto mantenimiento del sistema inmunológico.

La vitamina C es utilizada para: prevenir la formación de nitrosaminas carcinogénicas desde nitritos y nitratos de las comidas y para estimular la actividad de los fagocitos.,-

También para, reducir el suero colesterol; actuando como reductor de los depósitos de lípidos en las arterias.

Como un anti cáncer (En un estudio de Cameron and Pauling, con una dosis de 10 gramos de Vitamina C por día, 100 pacientes de cáncer terminal, vivieron un promedio de más de 200 días, comparado con los solamente 50 días establecidos para el estudio).

Dosis repetidas de 500 a 1000 milígramos de vitamina C intravenosa o intramuscular ha sido reportada como exitosa en el tratamiento de Tuberculosis, Fiebre escarlata o Escarlatina, Infecciones pélvicas, Septicemia y enfermedades virales como Polio, Encefalitis, Sarampión, Herpes Zoster, Neumonía Viral y otras.-

En este libro, Pearson and Shaw, se extienden otras 15 páginas solamente enumerando algunas de las acciones conocidas de esta droga milagrosa.-

Existen, después de Pauling, muchos autores e investigadores que han profundizado enormemente el conocimiento sobre el milagroso accionar de este nutriente esencial. La extensa bibliografía disponible demuestra el inmenso campo de acción de la vitamina C en nuestro organismo y en el control de muchas enfermedades

3.- Acerca de la Vitamina A

Los autores Pearson and Shaw escribieron en el Capítulo 8, del best seller mencionado sobre la Extensión de la Vida LIFE EXTENSION: A PRACTICAL SCIENTIFIC APPROACH que la vitamina A no tiene la reputación romántica de trabajadora milagrosa, como la que tienen las vitaminas E y C. Pero la vitamina A, puede hacer muchas cosas asombrosas de las que pocas personas están conscientes.

La vitamina A es un poderoso estimulante del sistema inmunológico, que aumenta el tamaño de la glándula del timo (la principal glándula del sistema inmunológico) y refuerza su capacidad funcional.

La vitamina A también puede mejorar la apariencia de la piel y ayuda a protegerla de las enfermedades virales y bacterianas.

La vitamina A se requiere para la visión, como parte de los pigmentos fotosensibles

La vitamina A es un protector muy eficaz ante el desarrollo del cáncer de los tejidos epiteliales como la piel, el intestino, y el revestimiento pulmonar

El beta caroteno (molécula doble de vitamina A) es un "extintor" del oxígeno activado, (que tiene un importantísimo papel en los procesos de envejecimiento) es decir, reacciona con el oxígeno activado, desactivándolo sin destruir el propio beta caroteno.

Para más información sobre la vitamina A y otros nutrientes utilizados en la confección de los productos descritos en este libro. Refiérase por favor a la Bibliografía recomendada.

FIN